JN068180

もしも南北統一したら

辺 真一

ワニブックス
PLUS新書

はじめに

「南北統一を、朝鮮半島の新たな成長エンジンとする」

韓国の文在寅《ムンジェイン》大統領は２０１９年８月15日、日本の植民地支配からの解放を記念する「光復節」の演説で、任期の２０２２年までに、南北経済協力を強力に推進し、２０４５年までには、悲願の統一を完遂すると国民に宣言しました。

南北朝鮮が一緒になり、人口８０００万人の単一市場を創設し、北朝鮮の豊富な地下資源、韓国の技術力と資金を併用すれば、世界経済６位圏に浮揚できると強調したのです。

これと並行し、韓国の釜山から北朝鮮の羅津を経て、ロシアまでをつなぐ鉄道計画や、サハリンから天然ガスパイプラインを引くなどして、物流やエネルギーを引き込む大胆な経済計画も発表されています。

南北統一について、韓国の国民はどう考えているのでしょうか。

板門店で2018年に開催された南北首脳会談の後、韓国の文化体育観光部が行った世論調査によると、南北統一が「長期的に可能」と答えた人は約80%にのぼり、国民10人のうち8人が統一を肯定的に展望していることがわかりました。

意外なのは「北朝鮮は改革、開放に向かうか」の質問にも、85%の人が「はい」と答え、北朝鮮の未来をポジティブに捉えていたことでした。

統一に対しては、韓国国民の間でも温度差があり、特に年齢層によって感じ方は違うと言われています。しかし、各論はあったとしても、総論として民族の統一を望まない韓国人は、ほとんどいないということ。その事実が調査からは浮かんできます。

そして、注目すべきもう一つのポイントは、「統一によって韓国民が得る社会・経済的利益」に対する考えです。これに「利益は大きい」と答えた人が65%に達し、「利益にはならない」(27%)を大きく上回ったのです。

実はこの、統一による経済的な潜在力こそが、文大統領が宣言した「新たな成長エンジン」であり、世界が注目している大きなうねりなのです。

「南北統一」と聞いて多くの日本人の頭に浮かぶのは、「北朝鮮はただのお荷物」「統一しても韓国にメリットはない」というところではないでしょうか。

東西ドイツの統一を例に出すまでもなく、朝鮮半島が統一した後の韓国経済は崩壊するだろう、再びＩＭＦ（国際通貨基金）の悪夢がやってくるのではなかろうか……。そんな後ろ向きのイメージを持つ方がほとんどではないかと思います。

ところが、これが大いなる誤解であり、統一を阻む諸悪の根源でもあるのです。北朝鮮の持つ「潜在力」に、実は世界の国々や投資家が注目しています。

先述したとおり、北朝鮮には、莫大な量の鉱物やレアアース、原油などの地下資源が眠っており、その価値は５００兆円とも６００兆円とも言われています。

すでに中国企業が触手を伸ばしているほか、ロシア、欧米企業なども着目しており、国連の経済制裁が緩和されれば、一気に動き出すことになります。

また、北朝鮮は、ロシアや中国といった巨大マーケットを持つ大国と隣接しているほか、技術力、資金力のある韓国と国境を接し、同じく経済大国の日本とは海を挟んで対面するなど、地政学的にも有利な立地にあります。地下資源の採掘から加工までを、一貫して国内で行えるようになれば、隣接国に輸出することで、立地条件が似ているシンガポールのような発展を遂げることは間違いないとみられています。

さらに、勤勉で教育水準が高く、安価な労働力も、東アジアにおける新たな「世界の工場」への可能性を広げています。

日本にとっての最大の問題は、この南北統一でどうイニシアチブをとり、存在感を示し、朝鮮半島に生まれる巨大な経済のうねりに参加していけるかです。

かつて日本は、日韓の国交正常化に伴い、3億ドルの無償融資を「投資」しましたが、結果として半世紀の日韓貿易で、60兆円以上の貿易黒字として回収しました。北朝鮮への投資は、それをはるかに超えるリターンとなるでしょう。

そのためには、北朝鮮との関係改善が大前提となるのは言うまでもありません。

もちろん、南北の統一は簡単なことではありませんが、米CNNが4月21日に金正恩委員長の健康状態に重大な問題があると伝えるなど、何かをきっかけに半島情勢は大きく転換する可能性も秘めています。

現状、日本と北朝鮮との間には、拉致問題をはじめ多くの問題が山積し、北朝鮮建国から70年以上を経た今も、国交正常化に至っていません。併せて、韓国との関係は戦後最悪との声もあります。

各国に必要なのは、20年、30年、50年先を見据えた長期的な目標を掲げ、大局を見据えて国民を幸福へ導くための大胆な政策です。朝鮮半島の統一は、韓国だけでなく、日本を含む東アジア諸国全体にとっての成長エンジンとなるでしょう。

そのために今、日本は何をするべきなのか、これからどこへ向かうべきなのか。本書がそれを知る一つのきっかけになれば、これ以上の幸せはありません。

目次

第2章　金正恩は統一をどう考えているのか……53

第1章　文在寅大統領はなぜ南北統一に執着するのか

「分断」は実感がないと理解しづらい

２０２０年という年は、日本にとっては令和２年となりますが、朝鮮半島にとっては分断から75年目という節目の年になります。

韓国では、旧正月を迎えた1月25日、軍事境界線の南側にある展望施設、臨津閣（イムジンガク）に、南北の分断で別れ別れになった離散家族が集まりました。

毎年行っている「望郷敬慕祭」という式典を今年も催し、北朝鮮の方角へ向けた祭壇に関係者が手を合わせ、生き別れた肉親らとの再会を祈念したのです。

朝鮮戦争では、約１０００万人が南北に生き別れたとされています。そして、その多くは再会がかなわずに亡くなっています。

韓国統一部によると、２０１６年には離散家族再会を申請した13万８３８人のうち、死亡者が50・４％の６万５９２２人に上り、この年、初めて死亡者が生存者を上回ったそうです。

再会事業は、２０１８年８月に北朝鮮の金剛山でいったんは動きはじめたのですが、残念なことにその後は南北関係の冷え込みが続き、再会事業はストップしたまま（2020年3月31日現在）。これは朝鮮民族にとっては大きな悲劇です。

この民族特有の悲劇を、国土が分断された歴史を持たない日本の人々が、実感として理解することはなかなか難しいことだと思います。

言い換えれば、この心情がどんなものであるかを想像してみることで、朝鮮半島に対する見方、あるいは韓国政府のやっている政策などへの感じ方が、少しだけでも変わってくるかもしれません。

文大統領は離散当事者の一人

韓国の文在寅大統領は1953年、韓国の慶尚南道巨済市に生まれていますが、両親は北朝鮮出身の「失郷民」（シルヒャンミン）と呼ばれる人たちです。

ちなみに、叔母さんにあたる方は今も北朝鮮に住んでいます。文氏は北朝鮮かの引揚者の息子であり、離散ファミリーの当事者の一人なのです。

いわば、アイデンティティーの源、心の〝本籍〟は北朝鮮。文氏の心象の根っこは、北朝鮮にあると言っても過言ではないかもしれません。

分断によって引き裂かれた苦しみ、悲しみを両親が実際に体験し、その記憶を引き継いでいるのが文氏というわけです。

その文大統領にとって、すべての不幸の根源は南北の分断です。国内における政治対立や、日韓関係のあつれき、米国とのぎこちない関係性など、あらゆる問題の根源は、朝鮮半島という胴体が2つに分かれていること。

したがって、一刻も早く南北の動脈をつながなくてはならない。文大統領は、そこにものすごい執念を持っている人なんです。

多くの日本の人たちは、「文大統領がイデオロギー的に北朝鮮に共鳴しているからだ」と考えていると思いますが、それは正しい見方ではありません。

前述したように、祖国分断の悲劇を、人生をかけて解決したいと考えている人物だということです。そもそも、韓国という国は日本以上の反共国家なのです。これは多くの日本人が知らない事実だと思いますが、非常に重要なポイントなので押さえておく必要があるでしょう。

韓国は日本以上の反共国家

日本という国は、保守系の自民党が与党の座にありますが、そうはいっても社会主義、共産主義を認めています。実際、政党としても共産党や社民党が存在していますが、実は韓国では今もって存在が認められていないのです。

簡単な話が、韓国という国は歴史的に、北朝鮮について「見てはならない、触れてはならない、語ってもならない」というくらい、徹底した反共国家としてスタートしているのです。

初代大統領の李承晩《イスンマン》氏、2代目の朴正熙《パクチョンヒ》氏の時代からはじまって、大韓民国は今もアジア屈指の反共国家です。

どれだけその反共が徹底していたか。わかりやすい例を一つ紹介しましょう。

30年以上前、1988年にソウルオリンピックが開催されましたが、その時代まで韓国では、金日成《キムイルソン》や金正日《キムジョンイル》の顔写真が、メディアによって紹介されたことがなかったのです。「見てはならない」というのは決して大げさな言葉でありません。

簡単にいうと、「共産主義は悪魔」「金日成は人間の顔をしてない」と。今では考えられないですが、そういうプロパガンダを国民にしてきたのが韓国なのです。

その悪魔であるはずの金日成というのが、若いころは朝鮮人好みのちょっとした美男子だったんです。とはいえ、そんな事実は韓国政府としては国民には見せることはできません。

ところが、ソウル五輪を契機に、韓国からたくさんの人が日本へ観光や出稼ぎ、あるいは留学で訪れるようになりました。

ある韓国人の女性が、銀座か赤坂の韓国クラブでアルバイトをしていたらしく、ある日、家でテレビを見ていたら突然、北朝鮮のニュースが流れ、金日成が現れて、生まれて初めてその顔を見てびっくりしたそうです。金日成の顔がメディアで流れるのは、日本では普通のことですが、それを見て韓国の彼女は非常に驚いた。

人間というのは不思議なもので、〝秘密〟を見るとそれを誰かに話したくなります。

それで、母国の韓国へ戻ったときに、親しい友人に「金日成を初めて見たよ！」と話したらしいのです。

しかも「我が韓国の全斗煥《チョンドファン》大統領よりいい男だった」と（笑）。全斗煥といえば、軍事政権の独裁者で知られていましたから、その情報が当局に漏れて女性は逮捕されたという、そんな逸話もあるくらいです。韓国というのは、歴史的にそれくらい徹底した反共国家なのです。

言い換えれば、韓国で国家がイデオロギー的な教育を主導するとか、それに共鳴する人々が地下活動をとおして共産主義を広めるとか、秘密クラブのような組織がうごめいているとか、そういう〝よく聞く話〟はないということです。「国家保安法」という法律で容共活動は禁じられているのです。

加えて、文在寅大統領は、大学を出てから軍隊生活を経験しています。その軍というのも、米軍でいうところのグリーンベレーのような、特殊部隊に所属していた人なんです。市民活動家出身といわれる文さんも、そうした軍の体験は、一通り経験しているということです。

その韓国の反共なのですが、ヘルメットの中に何が書かれているかご存じでしょうか。「滅共統一」という文字です。滅共統一、すなわち「共産主義を滅亡して祖国を統一しよう」という意味です。

いわば、それくらい反共魂が韓国軍には浸透している。文在寅さんもその一人なんです。

その人物を今、韓国の野党も日本の保守系メディアも「親北だ」「従北だ」と批判しているんですが、私から見れば、それは事実と異なるということなんです。

弁護士時代に出会った盧武鉉

「文在寅政権イコール親北」という話題になると頭に浮かぶのが、日本のワイドショーでも大きな話題になった曹国（チョ・グク）元法務大臣ではないでしょうか。

この人をはじめとする文さんの取り巻きが、日本でいうところの典型的な「左派」であると。では、なぜ彼らが左に傾斜したのか。それは教育の反動なのです。いわゆる

盧武鉉氏の追悼施設で、盧氏と文在寅大統領が並んでいる写真を見つめる市民（写真：朝日新聞社）

「反共教育」の反動です。

彼らにしてみれば、「歴代の政権はわれわれに嘘を教えてきた」「真実を教えなかった」という思いが非常に強い。特に北朝鮮についてです。

常に「北側が攻めてくる、攻めてくる」と、つまり「オオカミがやって来るぞ」という形で反共教育を徹底させてきました。

わかりやすくいえば、「反共」という名の下に、体制に逆らう人間は皆、逮捕して牢屋へぶち込んだんです。

文在寅大統領自身も、釜山の高校を出た後に浪人してソウルの慶熙大学法学部に入学したんですが、そこで民主化運動に没頭して、当時の朴正熙政権の独裁体制に反対するデモ活動をやって、国家保安法違反で二度ばかり逮捕されています。

文大統領はその刑務所で司法試験の勉強をはじめて、出所後に大学を卒業し、その年に司法試験に合格しています。

ただ、逮捕歴があったので判事にはなれず、故郷の釜山へ戻って弁護士活動をやっていたときに出会ったのが盧武鉉《ノムヒョン》氏です。

盧武鉉氏は後に大統領になり、金大中《キムデジュン》大統領が推し進めた北朝鮮に対する融和的な政策、いわゆる「太陽政策」を引き継ぐことになります。また、文在寅氏も大統領に就任した後で、この方針を継承していくという趣旨の演説をしています。

その2人がここで出会ったわけですが、まだこの当時、盧武鉉氏は第92回アカデミー賞を受賞した韓国映画「パラサイト　半地下の家族」の主役、ソン・ガンホが盧武鉉氏をモデルにした役を演じた「弁護人」（日本公開2016年）で描かれているように、人権派弁護士として活動していました。年齢は文大統領より7歳先輩。2人は共同で法律事務所を開設し、苦楽をともにしたのです。

つまり、文大統領らは若いころから、保守系の軍事政権で人生をこれでもかと抑圧された。実際、命を落とした人もたくさんいます。その手先となったのが当時の裁判所であり、検察であり、そして情報（インテリジェンス）機関なんです。

だから、曹国氏は法務相になったときに検察改革を唱えた。いわば歴代保守政権の教育の反動として、すなわち言論を完全に封じ込め、国民に真実を伝えなかったと、そういう思いがある。

先ほども触れましたが、１９８８年になってようやく韓国が民主化し、韓国人も渡航の自由が緩和され、その結果いろいろなことを知ることになった。

あらためて、歴代政権の間違いを知り、「これを正さなきゃならない」という形で民主化デモが起きたり、反政府デモが起きたりと、そういう流れできたのが今の韓国なんです。

その中心的存在となったのが、金大中であったり、盧武鉉であったり、今の文在寅だということ。彼が南北統一に執着する背景には、そういった韓国がたどってきた歴史、文在寅自身が体験してきた人生の歴史があるということです。

朴正熙に左翼というレッテルを貼られた

文大統領が統一に固執するもう一つの理由としては、大韓民国を建国した李承晩大統領、そして次の朴正熙大統領の時代に、36年間にわたる日本植民地統治時代の残滓を清算しなかったということがあると思います。

時の権力、すなわち日本国の支配に迎合し、僕《しもべ》となって日本の統治を正当化する行為を行っていた当時の高官たちが、そのまま清算されず、戦後は一転して「親日」から「反共」と看板を掛けなおし、そのまま権力の座に座った。その筆頭が、他ならぬ日韓条約を交わした当事者である朴正熙大統領です。

彼は日本名では高木正雄と名乗り、日本の陸軍士官学校への留学生として訪日し、日本式の士官教育を受けた人です。いわばバリバリの日本の軍人として戦争に参加し、終戦を迎えたという人物です。

しかも、朴正熙は選挙で国民に選ばれた大統領ではありませんでした。ここも一つの重要な点になります。

初代の李承晩政権が倒れた理由は、いわゆる「四月革命」によるものです。1960年に行われた第4代大統領選挙で、大規模な不正選挙があったことに市民が猛反発し、退陣を要求する抗議デモが韓国全土に広がった。それで李承晩は下野を表明してハワイへ亡命しました。

このとき、俗にいうところの「南北統一」という機運が、韓国国内に高まった時期があった。デモで政権を倒して勢いに乗った韓国の学生たちは、北朝鮮の学生委員会と連携をとって、板門店で南北学生会談を開いたんです。

そのときのスローガンが「行こう！ 北へ！ 来たれ！ 南へ！ 会おう板門店で！」というもので、当時の報道によると、板門店へ向かった韓国の学生は10万人を超えたといいます。

学生以外の、一般の韓国国民もこの動きを猛烈に支持しました。もう、明日にでも南北統一が実現できるというような、そんな熱気が充満していたわけです。

その熱気を潰したのが誰かということ。軍人だった朴正熙少将でした。しかも、クーデターで潰した。

この朴正熙政権が、まさに一転して「親日」というスタンスで政権を掌握した。そして政権を維持するために、反対する者は皆、「左翼」「共産主義者」というレッテルを貼って潰していったわけです。

その被害者の一人が、繰り返しになりますが、後の大統領になる金大中であり、盧武鉉であり、文在寅であるということです。

文在寅氏は、２０１７年５月に大統領に就任したとき、10年続いた保守政権の政策を「積弊」と批判して、それを清算するんだと、積もり積もった弊害を清算すると宣言しました。

ご記憶にあると思いますが、前大統領の朴槿恵《パククネ》氏は、いわゆる「崔順実《チェスンシル》ゲート」の発覚で、収賄や職権乱用と強要の罪に問われて逮捕され、懲役24年の実刑、ならびに罰金１８０億ウォン（約18億円）という非常に厳しい判決を受けました。

だから、日本人の多くは、文大統領の言う「積弊清算」の意味するところが、「前の保守政権がやってきた弊害」だけとイメージしがちなんです。

しかし、実はその積弊清算の中には、今、言ったような、36年にわたる日本の統治に協力した旧韓国の高官たちに責任を取らせると、そこまでさかのぼって清算するんだと。そういう強い思いがあります。

朴正熙からはじまって、その後の全斗煥のときも保守政権。これらの政権はすべて、民主化や祖国統一を叫ぶ自分たちを規制し、弾圧してきたではないかと。

極端な言い方をすれば、統一を阻害する「反統一勢力」ではないかと、いわば「保守勢力」イコール「反統一勢力」なんです。そういう目で見ている韓国国民は、少なくありません。

そういった、もっと長い歴史のスパンでの「清算」を、盧武鉉大統領は自分の政権でやろうとした。しかし失敗して自殺した。それを今、文在寅大統領は引き継いで、自分の手で成し遂げようということなんです。

軍事政権下で行われた選挙の裏側

「クーデターで政権を奪取した朴正熙は国民に選ばれた大統領ではない」ということを

先ほど述べましたが、そういった批判をかわして政権を維持するために、朴大統領も一度、直接選挙に打って出たことがあります。1971年のことで、相手は野党の金大中氏でした。

軍事政権下にあった韓国では画期的なことでしたから、当時の空気というのは、それはもう異様ともいえる熱気でした。

日本でいうところの、宮本武蔵と佐々木小次郎が巌流島で一騎打ちをするような、いわば韓国史上最大の大統領選挙が演じられたんです。

結果は朴正煕の勝利でした。なぜ彼が勝てたか。実はこのとき、日本がバックアップしていたんです。これは知らない日本人も多いと思います。

当時の韓国はとにかく貧しかった。早い話、お金がないんですね。でも、選挙というのはお金がつきものです。当選するためには金をばらまかなくちゃいけない。では、その金をどこから調達するのか。

ご承知のとおり、日本と韓国は1965年、日韓基本条約とともに、「日韓請求権ならびに経済協力協定」というのを結んでいます。

協定に基づいて、日本から10年間にわたって、総額5億ドル（無償3億＝1080億円、有償2億＝720億円）の賠償金（経済協力資金）が韓国に供与されたわけです。

ちなみに、これらの金はいわゆる従軍慰安婦の補償には一銭も使われず、これが日本の保守派や韓国国内の関係者らから批判の対象になっています。

というのも、協定の内容をすり合わせるための日韓交渉の場で、韓国側から従軍慰安婦の問題が議題に上がっていないんです。

被害者国である韓国側からの提起がなく、討議の対象にすらなっていなかったというのですから、一次的な責任が時の政権、すなわち朴正熙政権にあるのは否定できないでしょう。

一方、これはあまり知らない人が多いので触れておきたいのですが、経済協力金の使い道については、実は日本政府の署名が必要とされていました。

つまり、日本の同意がないと勝手に使えないのです。簡単に言えば、日本製品の購入、日本の技術の導入が前提条件だったということです。

たしかに賠償金は莫大でしたが、日本からすれば、製品、資材もさばけて顧問料も手に入るわけですから、ビジネス的にみたら先行投資だったわけです。

おそらく、今の韓国の政府関係者も、文大統領も、「あれは賠償ではなく商業主義に基づく投資」と捉えていると思います。

実際、当時の責任者の一人である中川融外務省条約局長は、「大声じゃ言えないけど、私は日本の金でなく、日本の品物、機械、日本人のサービス、役務で支払うということであれば、これは将来日本の経済発展にむしろプラスになると考えていた」「経済協力と言う形は、決して日本の損にはならない」（「季刊青丘」１９９３年夏号）と語っています。

多くの日本の人たちは「漢江の奇跡は日本のおかげで達成できた」「その感謝がない」と言うと思いますが、今のような歴史の流れを、まず事実として知っておく必要はあるでしょう。

それにより、韓国人の感情や、文大統領の考え方の背景も、今よりは少しはっきりと見えてくると思います。

日本では見過ごされている事実

話を朴正熙大統領の選挙の話に戻しますが、実は日本から韓国への5億ドル規模のお金の一部、具体的にいうと2500万ドルほどの現金が、条約に伴う支援に先駆けて韓国側に流れていたのです。

つまり、選挙前の朴正熙陣営に、日本から2500万ドルのキャッシュが渡っていたということ。彼はそれで選挙に勝てたということです。朴政権の維持を日本政府がバックアップしていた構図です。

当時は米ソ冷戦の真っただ中でしたから、アメリカにしてみれば、韓国に共産主義政権が誕生すれば、日本もその余波を受ける。いわば、「釜山に赤い旗がたてば日本も赤化する」くらいの危機感があった。

そのため朴正熙政権を「反共の砦」として支え、「反共の国家」である韓国を、日本の反共防衛の盾として利用した。それがソ連や中国へ向けた日米の対岸政策だったんです。

この歴史を、文在寅大統領は当然知っているわけです。北朝鮮問題と日本問題、これは彼にとってセットなんです。

だから、文在寅大統領が言っていること、やっていることというのは、決して薄っぺらいものじゃないんですね。

「点」ではなく、長い長い「線」の中で、彼なりの哲学、彼なりの正義、彼なりの思想、信念でやっているということ。それを日本の多くの人は誤解している。

おそらくもっと一時的な「点」だと思っているのではないでしょうか。違うんですね。その誤解が、今の日韓関係を難しくしている要因の一つだと思います。

とはいえ、残念なことに、今のところ、北朝鮮側が反応してくれていないというのが現実です。文在寅大統領の片思いというか、独り相撲のところはあるでしょう。

恋い焦がれたのに振り向いてくれないという構図。文大統領とすれば、さぞかしもどかしいことでしょう。

本人は「必ず北が手を差し伸べてくる」と信じているのか、あるいは「手を差し伸ばすようにもっていける」という、そんな自信を持っているのかもしれません。

日本と韓国の優先順位の違い

南北統一というと、避けられない問題の一つがいわゆる「人権問題」です。北朝鮮の人権問題が国際社会で注目されるようになったのは、冷戦後に脱北者が大量に発生したことからでしょう。

韓国政府が脱北者の統計を取りはじめたのは１９９３年からで、当初は年間数人程度でしたが、90年代後半から急増し、２００２年にはじめて１０００人を超えました。韓国統一部によると、93年以降の累計では３万２０００人を超えたといいます。

国際社会は脱北者の保護と同時に、北朝鮮に向けた人権侵害批判、改善要求に乗り出し、２０００年代に入ってからは国連人権委員会などの場で、北朝鮮の人権決議が採択されはじめました。

インターネット上でも、金正恩《キムジョンウン》委員長を国際刑事裁判所に回付するよう、国連安保理に求める請願運動が展開されています。

展開しているのは「国連ウォッチ」というスイスのジュネーブに本部を置くＮＧＯ組織です。

金委員長によって、多くの人が政治犯収容所に送り込まれ、飢餓と拷問で命を落としている現状を指摘し、被害者の人権のために国連安保理が行動するようにと強く主張しています。

さて一方、韓国ですが、はっきり申し上げると、韓国という国は人権というものに、それほど固執する国ではありません。誤解を恐れずに言うと、人権感覚が他の先進国よりそれほど敏感ではないかもしれない。

ただ、これにも一つ理由があって、日本にはない感覚だと思うのですが、現在に至るまで戦争の脅威にさらされてきた歴史があるという、別の意味での「人権」感覚があるということです。

ご承知のとおり、韓国と北朝鮮は今も休戦状態にあります。人権の最たる象徴であるのは生きる権利です。国は国民の生きる権利を保障しなくてはならない。それが絶対条件であり、最優先すべきこと。

北朝鮮との長い軍事的な対立、戦争の脅威から国民を解放する、その生存する権利。これを担保する。そのためには、北朝鮮との対話による関係改善、これが何よりも大事だということです。

5000万人の民族が生きる権利を、韓国の歴代大統領は保障しなくてはならない。はっきり言ってしまうと、それ以外の拉致の問題、100人いても200人いても、韓国からすると小さな話になってしまうというのは現実としてあります。

「小さい」といってしまうと語弊があるならば、二次的な問題といってもいい。一番は戦争を回避し、全国民を北の脅威から解放させて命を守ることなんです。

そのためには対話が必要ですが、相手が反発する人権問題を持ち出せば対話は頓挫してしまう。対話が途絶えたら戦争になる、戦争になれば国民の命が守れないと。もちろん、現実には「対話が途絶えたらすぐ戦争」などという短絡的なことにはなりませんが、わかりやすくいうとそういう論理なんです。

実際、日本はどうだったかというと、2002年に拉致問題を「一番」にもってきて以来、18年経って今にいたります。

　拉致問題が日本の国家主権と国民の生命・安全に関わる重大な問題であって、この問題の解決なくして北朝鮮との国交正常化はないという姿勢を続けてきました。「拉致を解決しなければ北との国交正常化はないよ、何より拉致が優先だよ」と。ところがこの18年の間、北朝鮮は日本に向けて、ミサイルを何発も発射しています。核実験も6回にわたって行っている。

　ということは、日本の安全保障、すなわち1億2000万の国民の安全保障に直結する核ミサイルの問題について、まったく手つかずの状態だったということなんです。日本人にとって残念なことかもしれませんが、これが現実なんです。

「アメリカに代理人として任せている」と言ってしまえばそれまでですが、結局は、日本が核ミサイルより拉致問題を優先させた結果、拉致問題も進展しない、ミサイルの問題も解決しない。それでは前に進めません。

　アメリカは「短距離はいいだろう、長距離さえ合衆国に飛んでこなければ」というスタンスなので、日本にとっては短距離問題が取り残される。いわば、こういうツケを日本が請け負ってしまったということ。

韓国はその点どうだったかというと、日本よりもはるかに拉致被害者は多いとされていますが、言葉は悪いですが、その問題を完全に棚上げしてしまい、まずは北朝鮮との対話を優先させた。

何度も言いますが、南北の対話、これによる関係改善なくして、人道問題の解決はないというのが文在寅政権の考え方なんです。ここに日本との決定的な違いがあるわけです。

韓国国民の統一に対する意識

では、韓国の国民がどれくらい南北の統一を望んでいるのか。一般に言われるのが、韓国では若い人たちと中高年世代とで、統一への見解が異なるということです。

シニア世代というのは、南北の動乱を肌で体験した人が多く、家族が一緒に暮らすことへの渇望が顕著です。

一方、若い人たちはもっと冷静に現実を見ており、統一すれば韓国が北朝鮮に莫大な資金援助を行うことになって、ただでさえ傾いている韓国経済が破綻するのでないかと心配しています。

２０２０年現在の韓国の雇用環境は最悪な状況にあり、人生をあきらめる若者が増えていることが社会問題にもなっています。

ただ、総じて言えることは、統一そのものは否定しない、むしろ望んでいるというのが、一般的な韓国人の心象です。

韓国の世論調査というのもいろいろな質問パターンがありますが、「望みますか、望みませんか」というようなものよりも、「いつ頃の統一を望みますか」というニュアンスが多いと思います。

ですから、若年層も「今すぐは現実的ではないけど、いつかはしたほうがいい」というのが大半でしょう。

５年後は無理だけど、10年後なら、あるいは20年後なら、という考え。統一に絶対反対などというのは、よほどの異端児か、あるいは反共主義者ということになるでしょう。

「共産主義の国と統一なんて冗談じゃない」という人は、おそらく2割か3割くらいは常にいるかもしれません。

たとえば、朴正煕や朴槿恵さんの出身地で、最近では新型コロナウイルスの感染者が大量に出てしまった大邱《テグ》市ですが、あそこは保守層が非常に多い。そういうところの住民は、統一なんてお断りという声が多いでしょう。

ちなみに、ソウル市が2019年12月に、「ソウル市民の南北交流協力の意識調査」というのを公開しています。

これは19歳から69歳のソウル市民2000人が対象で、全国的な調査ではないのですが、それを見ると、「南北統一は必要」と回答したのは74%、「統一は必要ない」と答えた人は25%でした。

統一の時期については、「20年以内」という人が25・6%でもっとも高く、「統一は不可能」という回答も17%あったといいます。

いずれにせよ、総論的にはいつかは統一するべきだけど、具体的にいつかについては、世代や立ち位置によって異なる、というのが、統一に向けた韓国国民の感じ方だといっていいと思います。

こうした「分断」とか「統一」といった感覚は、先ほどもいいましたが、日本人にはピンとこない。はっきりいえば、どういう感情なのかがよくわからない。そういう歴史がないわけですから、これは無理もないことです。

日本でも、戦争に行ってきたお爺さんが、若い人に当時のことを語り継いでも、出来事を事実としては知ることはできても、本当の意味で実感することは難しい。

たとえば、日本が戦争で東日本と西日本で分かれてしまい、60年とか70年の間、家族・兄弟が別々に暮らしていたという状況を想像してみたらどうでしょう。

実際、第二次大戦後に、連合国が日本の本土を5つの地域に分割統治する計画がありましたから、日本がその憂き目にあっていた可能性は充分にあったんです。

そうなったとき、日本人が統一を望まないかどうか。相手の〝国〟がどんな政治状況にあったとしても、また、経済的にどれほど格差があったとしても、「いつかは一緒になるべきだ」と考えるのが道程だと思います。

自分の肉親や兄弟、友人らが生き別れて暮らさざるを得ない状況というのを想像すれば、これほどの苦痛はないということがわかるのではないでしょうか。

韓国の左派＝反日という誤解

日本人の多くが韓国について誤解していることをもう一つ指摘しますと、「韓国は革新政権が常に日本との約束をひっくり返してきた」という考えです。これが大きな誤りなんです。

いくつか例を挙げますと、例えば「徴用工問題」をひっくり返したのは、これは李明博大統領と、それに続く朴槿恵大統領という保守政権なんです。

また、日韓関係が史上最悪になったと言われたのが、2012年8月李明博《イミョンバク》大統領の竹島（韓国名・独島）上陸、そして天皇陛下への謝罪要求。あの一件は、それまで韓国に対して比較的好意を持っていた日本人さえも激怒させました。

最近でも、保守系の野党、自由韓国党の動きとして、同党の牙城である慶尚北道の議会が、第一回目の本会議を竹島で開いています。

この本会議では、「日本の歴史教科書の歪曲」を糾弾するなどの決議案が採択されて、会議が終わると、議員らはトゥルマギと呼ばれる韓国式の白い服に着替えて、頭に「独島守護」と書かれた鉢巻を締め、万歳三唱をして「独島は我が領土」を合唱したといいます。日本にとってこれほどの挑発行為はないわけです。

もう一ついえば、自由韓国党の院内代表をしている羅卿瑗《ナギョンウォン》（20年4月の選挙で落選）という人。党のナンバー2で、日本のメディアが「美しすぎる議員」などと伝えていたのでご存じかと思いますが、この人も保守派ですが竹島に三度も上陸しています。こういう例を挙げればきりがありません。

そうしながら野党は「文政権は韓日関係を不必要に悪化させている」と批判しているわけですから、何をかいわんやということなんです。

一方で、リベラルの金大中大統領、盧武鉉大統領は、日本との間で漁業協定をまとめたのですが、金大中大統領は、竹島の帰属問題は棚上げして協議を進めました。

このとき、与党を猛烈に叩いたのが保守系野党でした。「日本に負けた、外交敗北だ」と。しかし、妥協をしたことで協議が妥結したのは事実なんです。

実際、金大中大統領のときの日韓漁業協定は、韓国が一方的に得をする内容だったとして、日本の保守層からは批判が起こったくらいです。

また、韓国政府は90年代に入ってから、「日本海か、東海か」の呼称問題について本腰を入れて要求し続けていますが、盧武鉉大統領は安倍総理との日韓首脳会談で、「東海を『平和の海』と呼ぶことも検討できる」と申し入れています。

つまり、日本は「日本海」と呼び、韓国は「東海」とそれぞれ国内では呼び、英語の呼称だけは「Ｓｅａ　ｏｆ　Ｐｅａｃｅ（平和の海）」と呼ぼうではないかと提案したわけです。

これは韓国国内でも波紋を巻き起こし、当時の野党第一党のハンナラ党は「軽率な発言」「重大な問題だ」と猛批判を展開しました。

盧大統領は日本では「反日大統領」などと呼ばれていましたが、お互いが主張する表記問題を解決するため、いわば妥協案を日本側に提示したのです。

もし「平和の海」が受け入れられるならば、竹島についても「友好の島」として、水産資源を日韓で共同開発するという案もあったようです。

結局、当時の第一次安倍政権がこれを全否定したことで、プランは幻に終わり、呼称問題は今も尾を引いています。一体いつまでこの対立を続けていくのでしょうか？

左右どちらも野党が反日に振れる

革新政権ばかりを擁護するような形になってしまいましたが、要は「文在寅政権が左翼政権、左翼政権だから反日」ということではないということです。

言い換えれば、韓国では保守だろうが左派だろうが、野党がいつの時代も政権を攻撃するために、日本を利用してきたのです。

たとえば、今の文在寅政権も野党のときには、朴槿恵前政権が苦労してまとめたいわゆる慰安婦合意に「ＮＯ」の声を上げてクレームをつけました。

あるいは、戦犯企業不買条例案というのが２０１９年にあって、これは植民地時代の日本の「戦犯企業」をリスト化して、公共機関はここからモノを買うのを止めましょうという運動なんですが、ソウルと釜山という二大市議会で、全会一致で可決されたんですね。ということは、保守の野党も一緒になって賛成しているということ。

ましてや、戦犯企業リストというのは、李明博政権のときに発表されている。ですから、今にはじまったことでもない。

そういう意味では、同じ穴の狢《むじな》なんです。保守だろうが革新だろうが、韓国の野党は常に「反日」に大きく振れる。もっといえば、右だろうが左だろうが、攻守所を変えれば韓国の政党は「反日」になりうるということです。

日本がもっとも恐れた韓国の大統領

これまでの日韓の政治史の中で、日本がもっとも恐れた大統領というのが、革新左派の金大中氏でした。

というのも、朴正熙政権のときに金大中氏は日本で拉致されたわけですが、このとき、日本政府は朴正熙政権と政治決着をしてしまい、彼を救出しようとしたものの、それができなかった。

だから、日本サイドは「金大中は相当、日本に恨みを持っているだろう」と考えていた。朝鮮文化には「恨」という思考概念がありますが、その感情的なしこりや恨みは尋常ではなかろうと。そう考えていたところに、その人物が１９９８年に第15代の大統領になってしまった。

当時の日本とすれば、とんでもない人物が大統領になってしまった、これはもう日韓関係がとんでもなく悪化するだろうと、外交筋は皆そう思っていた。戦々恐々だったと思います。

ところが、蓋を開けてみたら日韓関係がもっとも進展し、前進したのが、この金大中政権の時代だったわけです。

金大中大統領が真っ先にやったことが、それまでタブー中のタブーだった日本文化の開放です。それまで韓国では日本の映画や歌謡番組、コミックなど、大衆文化は一切見ることができなかったのです。

これについて少しだけ詳しく説明しますと、１９４８年に公布された法案によって、日本が制作するコンテンツはすべて締め出されてしまいました。

法案の文言に「日本」という具体的な記載はなかったのですが、事実上は日本文化をターゲットにした規制法案であることがあきらかでした。

しかし、金大中氏が政権についた98年、当時の小渕政権との間で日韓パートナーシップが結ばれ、これにより規制の一部が開放され、それから２００４年の第四次開放まで、段階的に緩和されていくことになります。

日韓関係は左派政権の方が前進している

今となっては当然のことのように感じる話でしょうが、当時としてこれがどれくらい衝撃的だったか、わたし個人の体験から申し上げたいと思います。

金大中政権の前は金泳三《キムヨンサム》氏が大統領でした。このとき、私は日本で活躍していたある歌手の方、この方は朝鮮半島にルーツを持つ人だったんですが、その方の韓国公演を企画したことがあったんです。

私は、韓国が日本の文化を規制するのは絶対に間違いだという立場でしたから、何とか壁に穴をこじ開けたいと考えていて、そういう意味で先陣を切れるのはこの方しかいないかなと思った。

日本で活動している歌手ですから、「日本の文化」と言ってしまえばそうなんですが、お父様が韓国人ですし、そういうことなら韓国政府サイドの受け止め方も違うだろうと、そう期待しました。

それで、ご本人に相談したら「ぜひやろう」と。よし、これはいけると、それで実現へ向けて準備を進め、必死になっていろんなところと下交渉をし、かなりいいところまでいったのですが、最後の最後、当局に「ノー」と言われてしまい、結局、実現はしませんでした。

このとき、日本文化の開放が、韓国でいかに難しいかを身に染みて知った一人としては、金大中政権がこれを認めたということが、いかに画期的であるかがよく理解できるのです。

言うまでもなく、金大中政権というのは、韓国でいわれているところの左翼政権であり、親北政権なんです。このこと一つをとってみても、左派だから反日とか、親北だから必ず反日ということではないということなんです。

むしろ、歴史をさかのぼってみると、左翼政権のときのほうが日韓関係は前進している。固定観念を一つ一つ取り払っていくことが非常に重要だということです。

単純比較はできませんが、たとえばアメリカなんかも、リベラルの民主党政権のときにけっこう戦争を起こしていますよね。

でもそうではないというイメージが、日本人の多くは持っている。そういった誤ったイメージのみで見ると、事実を大きく見誤り、相互理解が進まず、いつまでもいい関係を築けないということです。

第2章　金正恩は統一をどう考えているのか

北朝鮮が目指す「連邦国家」

文在寅大統領と金正恩委員長を比較したとき、決定的とも言える違いがあります。それは文在寅大統領のほうが、明らかに政権が短命だということです。

どうあがいてみても、文政権の任期は２０２２年5月をもって終わります。一方、北朝鮮は独裁国家ですから、クーデターでも起こらない限り、金正恩委員長は死ぬまでは政権の座にいられます。

これが何を意味するかというと、金正恩は焦らなくてもいいということなんです。「あと2年で結果を出さなければ」というような、期限を区切って結果を急ぐという必要がまったくない。

焦りがあれば、ときには妥協しなければならない局面も出てくるでしょうが、それが北朝鮮にはないんです。これは外交交渉では大きなアドバンテージです。

それから、年齢も文大統領は67歳。対して金正恩は37歳です。ダブルスコアぐらい差が開いているわけで、やろうと思えばこれから何でもできるという立場。未来があるということです。

そのうえで、北朝鮮が目指す統一というのが何かというと、これは一貫して「連邦制統一国家」なんです。

内容としては、北と南が当分の間は今の体制を認め合いながら、南北双方の政府代表からなる最高民族連邦会議を設置し、南北連邦国家としてやっていこうというのが基本です。

つまり、一つの国家の名の下に、資本主義、社会主義という二つの体制が、言い換えればソウル政府と平壌政府という二つの自治政府が共存するという形です。

現実には、今の北朝鮮の体制では、韓国と比較して経済力では40倍くらいの差がありますから、統一してからじっくりと時間をかけて国力、経済力をつけていき、やがては対等な関係にもっていくという考え方です。

この連邦制統一案は、金正恩の祖父、金日成の代から〝ファミリー〟に代々伝わってきている構想で、最初に北朝鮮がこの案を出したのは１９６０年のことです。

韓国の初代大統領の李承晩が、学生運動による四月革命で失脚・亡命した直後のことで、このとき金日成は「一民族・一国家・二制度・二政府」のもとで、「高麗民主連邦共和国」という連邦制国家の創設を韓国側に提唱しています。

このときは、翌61年に朴正熙が軍事クーデターで政権を握ったため、北朝鮮側の提案はうやむやになって終わっています。

これ以降も、1972年にニクソン政権が電撃的に中国と国交を樹立したときや、朴正熙大統領が暗殺された直後の翌1980年に、タイミングを見計らうように、3回にわたって「連合統一案」が提案されています。

この三度目の提案は、1980年10月の第6回朝鮮労働党大会における「高麗連邦制案」にもとづくもので、簡単な内容は先述したとおりなのですが、もう少し詳しく言うと次のようなものでした。

1　最高民族連邦会議の創設

2　連邦常設委員会（連邦国家の統一政府）の設置

3　連邦政府と地域政府との役割を区別

4 統一政府は民族の全般的利益にかかわる共通の問題を決定
5 地域政府は連邦政府の指導の下、独自の政策を実施する
6 連邦国家の性格は、自主・民主・中立

ちなみにこの当時、韓国はまだ全斗煥軍事政権下にあり、民主化されていませんでした。北朝鮮は連邦制による統一の前提条件として、韓国政治の民主化を挙げています。

韓国が目指す「連合国家」

一方で、韓国が主張しているのは連合統一です。北朝鮮の「連邦」に対し、韓国は「連合」ということになります。

この連合統一案は、韓国では歴代の大統領が、案を微調整しながら各々提唱してきましたが、中でも金大中政権における提唱は、北朝鮮のいう連邦案に酷似していて、共通点が多かったのが特徴です。

実際、金大中大統領が2000年6月に平壌訪問したときにも、そのことが話題になったといいます。

会談内容はオープンにされていませんが、金正日委員長と金大中大統領との間でも、共通点が非常に多いという話になり、双方を合わせたような方向で統一を目指すことが話し合われたといわれています。

具体的にいうと、その内容は、三つの段階を経て統一を実現しようとするもの。最初から一気に連邦政府を作ってしまおうという北側の案との違いがあります。

まず第1段階は、「一民族、二国家、二体制、二独立政府」の基本方針のもと、南北の二つの独立国家が異なる体制を維持したままで国家連合を形成します。

次に第2段階として、「一民族、一国家、一体制、一連邦政府、二地域自治政府」を構成、すなわち一つの体制の下に、重要な内政や、外交、国防を中央政府が掌握し、細かい内政は二つの自治政府が各々で担当するというもの。

国家元首である連邦大統領は統一憲法にもとづいて選出します。そして、最後の第3段階で完全な統一を実現するというものです。

当時、首脳会談後の共同宣言では、「南と北は国の統一のために、南側の連合制案と北側の低い段階の連邦制案に共通性があると認定し、今後この方向で統一を志向していくこととした」と発表されました。

統一は南北共通の夢である

いずれにしても、韓国としては短期的には統一を求めずに、まずは連邦的な形で緩やかにまとまり、双方が平和共存体制を確かなものとする。

そのうえで、段階を踏みながら徐々に「連合」という一つの国家にもっていくというのが、今も韓国サイドの基本方針となっています。

ただし、選挙で代表を選ぶということになると、南北の人口比はおよそ2対1で韓国が圧倒的に多いですから、そうなると北に勝ち目はありません。

したがって、北朝鮮側とすれば、連合で完全なる統一をするということは考えていないということが言えると思います。

あくまで「高麗連邦共和国」の下に、双方の指導者が輪番制のような形で、3年なら3年、5年なら5年という順番の任期で国家元首としてその座につき、国を運営していこうという考えです。そういうビジョンが、北朝鮮には金日成の時代から連綿としてあるということなのです。

連邦と連合の違いはあるとはいえ、統一そのものは北朝鮮側も目指しているわけです。この大看板を取ってしまったら、北朝鮮でも政権維持はできません。

結局、統一というのは朝鮮民族にとって「夢」なのです。果てしない夢。夢がなければ人は生きていけません。

南北双方ともに「必ず自分の手で統一への願いの実現を約束する」と言っている。今までも言ってきたけどできなかった。事実、非常に難しい。でも、北も南も、これを看板に掲げざるを得ない。なぜなら国民がそれを望んでいるからです。

特に北は、建国からずっと経済的に苦しい状態です。国連世界食糧計画（ＷＦＰ）と国連食糧農業機関（ＦＡＯ）が、約２週間かけて北朝鮮の協同農場や一般家庭、保育園などを調査した結果、２０１９年の北朝鮮の食糧事情は、ここ10年来で最悪の状態と報告しています。

当然、外交的にも孤立している。この状態が望ましいとは金正恩も北の人民も考えていません。

自分たちがこういう悲惨な状況に置かれているのも、すべては国が分裂しているからだと。そこに原因があると考えている。その点は文大統領と共通しています。

それを妨害しているのが、アメリカであり、日本であると。そこが問題だという捉え方をしている。

不幸の根源が南北分断にあるということであれば、「幸せになる＝統一」だという考えです。そういう考えが原則として彼らにはあるわけです。

なぜ金正恩は韓国に冷たいのか

とはいえ、それにしても北側の韓国に対する冷たい態度は、いささか度を越しているようにも映ります。ありとあらゆる罵詈雑言で文大統領を叩きまくり。先にも言いましたが、これでは文在寅大統領の完全な片思いです。

北朝鮮には、『ウリミンジョクキリ（わが民族同士）』という韓国向けの広報サイトがあるのですが、そこでは文大統領のことを「まともな思考と精神が麻痺した者の奇怪な醜態」などと言いたい放題です。

2020年に入ってからも、北朝鮮が短距離弾道ミサイル発射を含む軍事訓練をしようとした際、韓国大統領府が中止を求めたところ、金正恩氏の妹の金与正《キムヨジョン》氏が談話を発表し、「おびえた犬ほど騒がしく吠える」「青瓦台のやっていることは3歳児と変わらない。米国そっくり」「分不相応でふざけた行動」「よその軍事訓練に口出しするとは居直りの極致」などと罵声を浴びせています。

ただ、これについても、金正恩委員長の言い分もあるのです。念のため申し上げておきますが、私は別に金正恩委員長の言い分が正しいとか、弁護をしているわけではありません。

多くの日本人が、おそらく「北朝鮮は独裁国家」「異常な国」、したがって「金正恩は好き勝手に言いたいことを言っているだけ」というところで思考が停止し、彼の言う主張の背景を考えようとしないため、結局は問題の本質を理解できないままで終わっていると思うのです。

言いたいことは、一見おかしなことを言っているように聞こえるが、そこには彼なりの論理もありますよ、ということ。

正しいか否かはさておき（そもそも「何が正しいか」という定義が一番難しいわけですが）、なぜ金正恩がこのような態度に出ているか、どんな論理で発言しているのかを、冷静に分析する必要があると思います。

文在寅大統領と金正恩委員長は、２０１８年の4月と5月と9月と、計三度も首脳会談を行っているわけですが、その際に韓国側は実に多様な支援プランを北側に示しています。

文政権の本気度

たとえば、２００７年に盧武鉉政権下で史上初の南北会談が開かれましたが、そのときにたくさんの合意事項が宣言に盛り込まれました。

それらを含む歴代政権におけるすべての合意事項の履行を、文大統領は積極的に履行すると金正恩に約束しました。

さらに、南北の間で50年以上分断している京義線と東海線の2鉄道路線と道路。これを連結するための着工式を年内に行うことや、開城《ケソン》工業団地の操業再開、加えて金剛山《クムガンサン》観光の正常化、西海経済共同特区と東海観光共同特区の設置に向けた協議開始など、支援方針がこれでもかという勢いで盛り込まれました。

このときは、文大統領はサムスンの李在鎔《イジェヨン》副会長をはじめとする韓国の主要財閥トップ、経済団体のトップら17人も北朝鮮に同行させ、北朝鮮の李竜男《リリョンナム》副首相と面談させています。

この副首相は外資誘致に関する北朝鮮側の責任者です。大統領とすれば、「支援事業が動けば財閥も金を出せよ」ということなんでしょう。

開城というのは、北朝鮮南部にある高麗時代の首都だった都市で、ここが経済特区に指定されていて、南北が共同で運営する工業地帯になっています。南北経済協力の象徴的な事業です。

北朝鮮が土地や労働力を提供し、韓国側がお金や技術を提供するというのが基本で、稼働していたときは約120社が操業し、5万人ほどの雇用が生まれていました。

韓国としても北側の安い労働力で製品を作り、海外へ輸出できていたわけですから、特に中小企業にとっては収益性の高い商売が期待されました。

韓国では今、国内経済が停滞し、中小企業がバタバタ倒産していますから、このプロジェクトの意味は大きかったのです。

北朝鮮も北朝鮮で、労働者への人件費という形で年間1～2億ドルほどの外貨が入ってきたとも報じられています。

もっとも、韓国企業が労働者に支払った賃金のうち、70％ほどが朝鮮労働党の資金に回ったと日本のメディアも伝えていますし、個々の労働者への賃金は多くはなかったでしょうが、北朝鮮の外貨稼ぎとしてはありがたい存在だったはずです。

「目玉」だった金剛山観光

金剛山観光は、南北の境界線の近く、北朝鮮の景勝地である金剛山周辺を特区に指定し、韓国の資本で観光事業を進行するというものです。

実際、ここの景観は実に素晴らしく、日本には「花より団子」という言葉がありますが、朝鮮半島では「金剛山も食後の景色」などというくらい愛されている場所です。

朝鮮戦争で38度線が引かれ、金剛山が北朝鮮のほうにいってしまい、行くことができなくなってしまって悲しんだ韓国人がたくさんいたといいます。

このプロジェクトは金大中政権のときに、現代財閥の創始者である鄭周永（チョン・ジュヨン）氏、この方は北朝鮮の出身なんですが、平壌を訪問して金正日委員長と直々に面会し、許可をもらってはじまりました。

宿泊や食事の施設なども整備され、北朝鮮にとってはドル箱ですし、韓国にとっても、国境近くを観光客が常時往来している状態は、戦争勃発の安全弁にもなります。

2008年に韓国人観光客が北朝鮮軍の兵士に射殺された事件で中断してしまいまし

たが、それまでは年間30万人以上が訪れ、10年間の累計では１９０万人に達したといいます。

それを文大統領は再開すると北側に約束したわけですが、ご承知のとおり、２０２０年の春になっても実現していません。

それも当然です。できるわけがありません。プロジェクトを再開して北朝鮮が外貨を稼げば、その金が核開発に使われてしまう恐れがあるわけです。

北朝鮮・金剛山（写真：朝日新聞社）

国連もアメリカも、北朝鮮に対する制裁を維持する姿勢を崩していないのですから、国際社会の意向を無視して、韓国だけが単独で制裁破りができるはずもない。

できないことを「やります」と言ってしまったということですから、俗にいう「空手形」というものです。

まずは米朝関係の進展がないと韓国は動けない。すなわち米朝間で核問題、ミサイル問題が片づかないと、経済協力だとか、文化交流だとか、さまざまな支援はひとつとして実現できないということなんです。

金正恩が文政権に怒る理由

そうなると、金委員長とすれば納得できません。共同宣言にしっかり盛り込んだ国家と国家の約束なのに、ひとつも実行してないではないか、やるそぶりもないじゃないか、何をしているんだということ。それで怒っているわけです。

それから、安全保障のほうでも問題があります。韓国は文政権になってから、実は国防費がものすごく増えているんです。左派政権だから軍縮なのかというと、そんな単純ではありません。

李明博大統領や朴槿恵大統領の保守政権では、国防費の伸び率はそれでも毎年4～5%だったのですが、革新政権の文大統領の時代になってからは急激に増加し、伸び率は倍近い7～8％台で推移しています。

結果、2020年度の国防費は約50兆ウォン（約4兆5000億円）で、2023年までに約61兆ウォン（約5兆5000億円）にまで拡大する方針です。

これが何を意味するかというと、実現すると日本の防衛予算と同じくらいか、むしろ少し超えてしまう水準なんです（19年度防衛予算は5兆2000億円）。

北朝鮮が怒っているのは、国防予算を増やしている理由の一つが、対北朝鮮対策であるという点です。

韓国の国防部は、「まだ北朝鮮の非核化が顕著な変化を見せていない状況にある」としたうえで、北朝鮮の大量破壊兵器の迎撃体制強化のために、日本円で3兆円規模の莫大な予算を計上しています。

これについても、北から見れば「我が国を依然として敵国として見ているではないか」ということになるわけです。

言われてみたら当然でもあります。板門店宣言では、非武装地帯を平和地帯にして、そこに外資で経済特区や観光特区を作り、仲良く一緒にやりましょうと言っていたわけです。ということは、これから戦争は起きないという前提のはずなのです。

それを、保守政権のときの何倍も国防費を増やしているということは、金正恩にしてみたらダブルスタンダードではないかということです。

「武装解除をした後に、米韓がいつの日か攻撃をしかけてくるんじゃないか」と不安視しても不思議ではないわけです。

双方にそれなりの言い分がある

また、共同宣言では、韓国と北朝鮮の間で軍事委員会を設け、そこで双方の国防長官同士が協議し、「もうこれからは争うのはやめよう」「武力増強はお互いにやめよう」と約束をしているんです。

ところが、韓国はあいかわらず米軍と合同軍事演習をやったり、アメリカからF35戦闘機を40機も導入すると発表したりしている。前述したとおり、そのために国防費も大幅に増やしている。

合同軍事演習については、韓国だって米韓同盟を破棄するわけにはいきませんから、アメリカと北朝鮮の両方の顔色をうかがいながら、規模を縮小したり、構成を変更したりと、苦肉の策をとったわけです。

文大統領とすれば「少しはこっちの立場もわかってくれよ」と言いたいところでしょうが、金正恩は甘くないです。

訓練の規模縮小についても、韓国との窓口機関である祖国平和統一委員会をとおして、「そのようなたわごとでわれわれを安心させ、世論の非難を避けていこうとするなら実に愚かな誤算だ」とばっさり。容赦がないとはこのことです。

実際、朝鮮労働党の機関紙である労働新聞は、「軍事的緊張状態の緩和と戦争の危険を解消するため、ともに努力するとした板門店宣言にあきらかに反する」という主張を展開しました。文字だけ見ればたしかにそうなんです。

2020年3月に予定されていた合同演習が延期された件についても、延期の理由はあくまで新型コロナウイルスの感染拡大が理由であって、「青瓦台の主が決めたものではない」との金与正氏の談話を伝えています。

北朝鮮とすれば、韓国が米国の制止を振り切って、自主的に南北経済協力に突っ走り、経済制裁で未曽有の苦境に立たされている我が国を早く支援しろという思惑があるわけです。

結局、すべてはわれわれ朝鮮民族の問題であるにもかかわらず、民族自決の原則にのっとらずに、外国の勢力に依存しようというその根性が気に食わないと、朝鮮問題は朝鮮民族自ら解決すべきなのに、なぜアメリカに依存するのかと。朝鮮半島の原則で言えば、これはある意味正論といえます。

実は文在寅大統領だってその言い分はわかっているんです。言いたいことはわかる、私だってそう思っているんだと。それが本音だと思います。

ただ、韓国だって言い分はありますよね。仲良くしましょうと口では言いながらも、北朝鮮が簡単に核ミサイルを手放すはずはないですから。どう考えても、今戦ったら、核を持っている北朝鮮のほうが強いわけです。

さらにここで在韓米軍が引き揚げるとか、規模を大幅に縮小するなんてことになったら南北の軍事バランスは大きく崩れてしまう。

そのためには、最新兵器を装備して、万が一に備えなければならない。韓国からすれば、「それもこれも、あなたが核とミサイルを捨てないからですよ」と、こういう理屈になるんですよね。話が最初の入り口のところに戻ってしまう。

これはこれでまた一理あるんです。お互いにとんでもないことを言っているわけではない。だからこそ解決へ向けた筋道が見えてこないということでしょうね。

クーデターが起きる韓国、起きない北朝鮮

たとえば、皆さんが居酒屋さんのような場所で、お酒でも飲みながら北朝鮮についていろいろ語りあっているとします。そうすると、おそらく必ず話題に出るワードがあると思います。「クーデター」です。

「金正恩はいつの日か軍のクーデターで失脚するのではないか」という話は、今まで専門家の間でも数えきれないほど俎上に載られてきました。クーデターで金正恩が失脚すれば、南北統一は容易に進展すると分析する専門家もいます。

しかし、起こりそうで起こらない。韓国のインテリジェンス機関発の情報としても、何度か噂は流れてきたことがあります。しかし、実際には起きていません。

では、なぜ北朝鮮ではクーデターや民衆デモが起きないのでしょうか。

まず、韓国の歴史を先に見てみますと、１９４８年の建国以来、１９６０年の学生革命、80年の光州事件、87年の民主化闘争と、政変につながる大規模なデモが三度も起きていて、軍事クーデターも61年、79年と二度起きています。

一方、北朝鮮は韓国と同じ１９４８年に建国された国で、すでに70年以上の歴史がありますが、クーデターも反政府デモも一度も起きていません。

理由はいくつかあるのですが、一つには、君主へ忠誠心を植えつける思想教育（洗脳といってもいいですが）、これが徹底された国家体制にあるということです。

国民にとって「首領様」は絶対的であり、神格化されていますから、そういう存在に対して謀反を起こすということは、もはや不敬であるという贖罪意識が、国民一人一人に植えつけられています。これはもう理屈ではない。だから、民衆デモという発想にはいたらないのです。

北朝鮮の先軍政治

一方、クーデターを起こす可能性があるとしたら、それは軍人です。

軍人というのは、命令に対して絶対服従が原則。司令官への忠誠がすなわち出世への道です。

もし、軍の上層部が「こんな国はもうダメだ」と思ったら脱北していてもおかしくありません。ところが、過去3万人を超える脱北者のほとんどは下級兵士で、大佐以上の階級の軍人による亡命は、おそらく公式的には報告されていないはずです。

そもそも、北朝鮮は「先軍政治」というイデオロギーで動いている国です。これは、金正恩のお父さんの金正日総書記が掲げた指導理念で、すべてにおいて軍が優先であるという考え方。何よりも軍が優先するのが大原則です。

ちなみに、2012年の軍事パレードで、金正恩委員長（当時は労働党第一書記）も、「金日成主席と金正日総書記が築いた自主、先軍、社会主義の道に従って進むことに勝利がある」と演説し、「先軍」の原則を引き継ぐ姿勢を示しています。

すなわち、北朝鮮という国では「軍隊は人民であり、国家であり、党である」ということです。

朝鮮労働党の機関紙をとおして、「革命と建設のすべての問題を軍事先行の原則で解決し、軍隊を革命の柱にする政治方式」とも発表されています。

そういえば、金正日総書記は「我が国では軍事が第一で、国防工業が優先である。我々は苦労して国防力を強化してきた。もしそうしていなかったら、帝国主義者たちにとっくに食べられていただろう」と語ったことがあります。

つまり、国家予算も軍事最優先なのです。ほかの予算が削られても、軍には優先的に配分されます。

軍の上層部にいれば、生活費に必要なお金、親族・子弟の就学や就職などでも、一般の市民よりはるかに優遇されています。特権階級であり、最大の既得権勢力といわれるゆえんです。

要するに、そこまで特権に甘えられる環境にある軍人が、わざわざその権利を捨てて、今のこの体制を壊すようなことをするはずがありません。クーデターなど起こってもらっては困るという見方もできます。

そもそも、軍事クーデターを起こそうと考えたら、それなりの兵力を動員しなければできません。下っ端の将校がそんなことをできるわけがない。

仲間を10人や20人集めても仕方ないですから、少なくとも1万人規模の兵を動員できるとなると師団長クラス、階級では少将くらいの位置にいなければならない。そうでないとクーデターは起こせないのです。

しかし、先ほども述べた通り、そういうランクの人たちは特権階級にどっぷり浸かっていますから、わざわざ自分から今の環境をひっくり返すことはない。

ましてや、クーデターの計画が発覚すれば、連座制で本人はもちろん、家族や親族など一族郎党ひっくるめて処刑、もしくは収容所送りということになります。そのようなリスクをおかす理由がないのです。

体制そのものが世襲制

北朝鮮はトップが世襲されるだけでなく、体制そのものが世襲の固まりで、したがって軍も世襲制です。幹部であればそのポストはその子弟に受け継がれていく。蛙の子は蛙というやつです。

北朝鮮の政治家に崔龍海《チェリョンへ》という人がいますが、この人の父親は、金日成政権時代に国防大臣だった人です。その子どもである崔龍海氏は、現体制になってから、軍政治総局長、国防委員会副委員長などを経て、2019年4月に、ナンバー2といわれる最高人民会議常任委員長にまで出世しています。ちなみに崔龍海氏の祖父も、金日成政権時代に要職を歴任した人です。

このように、今現在、要職についている人といえば、父から子へ、子から孫へと、子々孫々ポストを受け継いでいる人ばかりです。

代替わりしたときに外部の人間が入りこんでくる余地がないわけです。これがまた構造的にクーデターを生みにくくしているともいえます。

そして、これは当然といえば当然ですが、クーデターが起きないための監視体制が徹底しているということです。

北朝鮮では、秘密警察といわれる国家安全保衛部や、諜報機関の軍保衛司令部が、監視の目をがっちりと国内に張り巡らしています。

また、軍人の日常的な行動や忠誠心、思想などを監視する総政治局という部署が目を光らせていて、反乱分子がいれば即座に見つけ出します。

いずれにせよ、北朝鮮でクーデターが起きる可能性は、ゼロではないまでも限りなく低い。その背景にはこうしたいくつもの事情があるということです。

したがって、北朝鮮の現体制が政変などの要因で転覆し、それが南北統一の動きにつながるという確率は、あまり高くないと考えていいと思います。

人事に表れる金正恩の危機感

とはいえ、金委員長も「どうせ俺に逆らうものはいない」などと安穏としているわけではもちろんありません。軍関係でも非常に神経をとがらせている様子が、ある人事からうかがい知れます。

その一つが、韓国の国防部長官、日本でいえば防衛大臣にあたる「人民武力相」の人事です。朝鮮中央通信は2020年1月、金正寛次官が新しい人民武力相に任命されたと伝えました。

注目したいのは、金正恩政権では軍首脳人事が実に目まぐるしく変わっているということです。

現政権になってから、人民武力相は金永春、金正角、金格植、張正男、玄永哲、朴英植、呂光鉄、そして今回の金正寛とすでに8人目。前任の呂さんは就任してから2年も経っていませんでした。

また、軍総参謀長も2019年末に李永吉氏から朴正天氏に交代させていて、こちらも7人目ということになります。さらに、軍トップの総政治局長も、今の金守吉氏で4人目です。

こうした〝猫の目〟人事を軍のトップクラスで行うことは、父の金正日政権では見られませんでした。

金正日時代に人民武力相だった呉振宇氏は、亡くなるまで19年間そのポストに居続けましたし、3人目の金益鉄氏も12年間在任。軍総政治局長の交代はゼロでした。

6人目の総参謀長が2016年に解任された翌月、党中央委員会の会議の場で、金委員長は、一般席に座っていた軍首脳らを見下ろすかのような立ち位置で、「人民軍隊は最高司令官の命令一下、一つとなって最高司令官の指示する方向にだけ動くように」と訓示をたれました。「黙って俺の言うことをきけ」というわけです。

実際、この前の年の労働新聞に、金委員長が「人民軍指揮官らは最高司令官にはたった一言、『かしこまりました』とだけ言えばいい」と語ったとの記事が掲載され、北朝鮮ウォッチャーの話題を集めました。

軍の首脳の首を頻繁にすげ替えている裏には、金委員長が軍首脳を信頼していないということ、軍に対し猜疑心を持っている様子が浮かんできます。

なんだかんだいってもまだ36歳。軍歴もありませんし、長老たちからは「俺はなめられているのではないか」という懐疑心が常にあるのかもしれません。その猜疑心がある以上、今後もこうした人事は続いていくと思われます。

先代は米軍を「必要」と考えていた

北朝鮮が核を保有する狙いは、一つには体制維持、もう一つは在韓米軍を撤退させるためというのが一般的な見立てだと思います。実際、機関紙の労働新聞は「駐韓米軍撤退」を繰り返しています。

体制が保証されない限り、金正恩委員長は非核化に応じないとしていますが、この体制保証の中には駐韓米軍の撤収が含まれていると言われています。

では、北朝鮮は本当に今すぐに米軍に撤退してもらいたいと考えているのでしょうか。実はこれについてははっきりとわかっていないのです。

むしろ、金日成、金正日の代では米軍の駐留を認める発言や、「必要である」旨の前向きな発言も何度か飛び出しているのです。

たとえば、金日成政権時の1992年、ニューヨークで米朝の国務次官クラスの会談があったのですが、この会談で北朝鮮側は、北朝鮮が米国との関係改善を希望していることや、米国と国交正常化ができれば米軍の駐留を容認する用意があることなどのメッセージを伝えたといいます。

北朝鮮という国で官僚が自分の意見を勝手に言うことはありえませんから、その考えはすなわち〝将軍様〟の声だということです。

このときのアメリカはブッシュ政権、いわゆる「パパブッシュ」の時代で、国務次官はカンターという人だったのですが、後に韓国メディアからその点について取材を受けたカンター氏は、「たしかにそういう発言があった」と認めています。

あとでわかったことですが、そのとき北朝鮮からアメリカ側に伝えられたのは、概要で以下のようなことだったといいます。

「南北統一後も米軍が韓国に残り、南北の紛争を阻止する役割を担ってもらいたい。朝鮮半島の平和を維持するには、北東アジアの地政学からみても、米軍がとどまった方がいい。北朝鮮に敵対する軍としてではなく、平和維持軍としての役割を担ってもらいたい」

この内容は、クリントン政権の国務長官だったオルブライト氏が、２０００年10月に平壌を訪問した際、後継者の金正日総書記と会談したときに聞いた話だということですから、まず間違いないでしょう。

金正日総書記は、金大中大統領との南北会談の席でも、「駐韓米軍は南北間の戦争抑止だけでなく、朝鮮半島周辺の勢力均衡を維持するうえでも必要な存在であり、統一後も駐屯すべきだ」と発言したそうです。

ここでも、駐留米軍の存在は、南北統一後の朝鮮半島の安全保障にとって大きなメリットがあるということを認識した発言をしています。

金総書記は続けて、「ただ、我が人民が急に考えを変えることができないので、米軍が必要であるということを公に話すことができないだけだ」という趣旨のことを金大統領に話したといいます。

実に率直でストレートな発言ですし、なにやら一般人が抱く〝将軍様〟のイメージとはだいぶ違い、国益を冷静に分析できる指導者の姿が浮かんできます。

つまり、北朝鮮は「統一後も朝鮮半島にとって米軍は必要である」との認識を、金日成から金正日へと二代とおして引き継いできたことになります。

三代目で方針が変わった可能性

では、三代目の金正恩はどうなのか。彼もまた、本心では米軍は必要とみているのでしょうか。

実は、まったく真逆の発言をしていたとの情報も漏れ伝わってきています。金正恩委員長が２０１６年９月の党中央軍事委員会で、米国が韓国から米軍を撤収させて５００億ドルを補償すれば、核と交換してもいいと語っていたというのです。

これは、韓国に亡命した北朝鮮の知識層で構成されている脱北団体「ＮＫ知識人連帯」が、北朝鮮のある「高位消息筋」の話として伝えています。

これによると、金委員長はこの委員会の席上、今後も核開発を進めるとしたうえで、「核放棄の代わりに我々は米国や関連国に５００億ドルの補償を要求する。そうなれば、我々はすべての工業と科学技術に投資し、世界的な復興国として一挙に跳躍することになる」と語ったとされます。

これが事実であるなら、父親が「平和協定を結んで国交を正常化すれば、米軍の撤退は求めない」とした北朝鮮の方針が変わったことになります。

もっといえば、アメリカが北朝鮮の要求を飲まない限り、核放棄はありえないとも読み取れます。

金正恩委員長は、父祖伝来の大方針を自分の代で転換させたのでしょうか。

あるいは、父の金正日総書記が「人民が急に考えを変えることができないので、米軍が必要であると公に話せないだけ」と金大中大統領にこぼしていたように、表向きは幹部の前で威勢のいい発言をする必要があったのでしょうか。

この点については、南北統一の行く末を占う上で極めて重要な要素になりますので、今後も慎重に情勢を見守っていく必要があると思います。

北朝鮮譲歩4つのステップ

南北の完全なる統一にせよ、とりあえずの経済面における平和協力にせよ、そのためには北朝鮮に核を放棄してもらわなければなりません。

とはいえ、金委員長には金委員長の言い分もあるわけで、すぐに全部を「はい、捨てました」となることはまずないでしょう。

ではどうなるのか。わたしは、北朝鮮が譲歩の姿勢を見せた場合でも、大きく4つのステップに分かれて、段階的に進んでいくのではないかと考えています。

まずステップ1ですが、「ミサイルの発射実験や核実験は、今後はもう行いませんよ」という段階。既存の兵器は保有したままで、施設の稼働も続くことになります。

ちなみに、１回目の南北会談が開かれた２０１８年４月時点ではこの段階でした。韓国特使を通じて、「対話中の核実験とミサイル発射実験の中止」を一方的に通告し、トランプ大統領との会談の環境を作っていたときです。

今はそこからまた後退していて、２０２０年3月29日にも、短距離弾道ミサイルとみられる飛翔体を2発発射しました。飛翔体の発射は3月だけで4回目です。

ステップ2が、核施設やミサイル施設の凍結です。当然、国際原子力機関（ＩＡＥ

A）の査察も受け入れるということ。ただ、ここで金委員長は何らかの見返りをアメリカに求めるとは思います。

そして、ステップ3は施設の無力化。つまりは破棄・解体です。これにより、新たな核兵器を開発することができなくなりますが、既存の兵器は保有した状態が続きます。もちろん、ここでも見返りを要求してくるでしょう。

段階、段階ごとにしっかり要求をするのが、父祖伝来の北朝鮮外交の特徴です。

そして、ステップ4になって、ようやく現在持っている兵器の完全放棄という話になるわけですが、わたしが見るところでは、かなり楽観的に考えたとしても、この4段階目は実現することが難しいと思います。できてステップ3まで。現在保有している兵器だけは、おそらく最後まで手放せないと思います。

ということは、これ以上は核兵器を絶対に増やしません、アメリカへも撃ちません。ただ、その代わりに、今ある核とミサイルだけは認めてくださいよと、そういう主張になるのではないか。となれば、核保有の状態は今後10年から15年、あるいはそれ以上、なし崩し的にずっと続くことになるような気がします。

北朝鮮の肩を持つわけではないですが、金委員長にしてみたら、「いくらなんでも一方的にわが国だけが捨てるのはおかしい。どうしても棄てろというなら、アメリカさん、そっちも棄ててよ」と。ある意味では正論です。

なぜなら、前大統領のオバマさんだって「核なき地球、核なき世界へ」と言ってノーベル賞をもらっていましたから。

アメリカはそれに対し「ＮＯ」というでしょう。そうなると今度は、核軍縮交渉というステージに北朝鮮は持っていくかもしれません。

第3章　南北の経済共同体は日本に勝てるのか

統一すれば「日本を追い越せる」

文在寅大統領の「日本には負けない」発言が、2019年の夏に国内外から注目を集めました。

背景にあったのが日本の輸出規制です。2019年7月に、安全保障上の理由で、韓国向けの半導体素材の輸出管理を日本が強化しました。

韓国という国は輸出依存が強いことで知られています。GDPの4割近くを輸出が占め、その輸出の2割くらいが半導体。半導体素材が入ってこなくなったら韓国経済はお手上げです。

当然、韓国はこの日本の措置に猛反発し、以来、歴史問題なども相まって、両国の関係は冷え込んだままの状態です。

圧巻だったのがその翌月、対策を協議するために開かれた8月2日の閣議です。冒頭部分が生中継されるという異例の措置がとられました。

そして閣議が終わると、文在寅大統領が国民へ向けて、約8分間の談話を読みあげた

のです。その内容というのが
「我々は二度と日本に負けない。今日の韓国は、過去の韓国ではない」

「日本の挑戦に屈服すれば歴史は再び繰り返される。我々は十分、日本に勝つことができる」

民族の団結を求めるかなり強いメッセージでした。強気な姿勢を示し、強い言葉で国民を鼓舞した形で、これに多くの日本人は反発したようでしたが、韓国の世論は比較的、好感を持って受け止めたようです。

また、その3日後に青瓦台で行われた会議でも、大統領は「南北間が協力して平和経済が実現すれば、われわれは一気に日本経済より優位に立つことができる」と発言し、「大韓民国は道徳的優位をもとにして成熟した民主主義の上に、平和国家と文化強国の地位をより高め、経済強国として新たな未来を開くだろう」と強調しました。

南北が国家として統一しなくても、まずは経済で合体することができれば、日本経済を追い越すことができるという、そういった持論を、大統領は内外へ向けて発信したわけです。

さらに、同年8月15日の演説も注目を集めました。8月15日といえば日本では終戦記念日ですが、韓国では「光復節」という日で、日本の植民地支配から解放されたもっとも重要な記念日の一つです。失った主権（光）を回復した日という意味で「クァンボッチョル」と呼ばれています。

その日の演説で大統領が語ったことというのが、2032年にソウルと平壌の南北共同の夏季オリンピックを開催すること、2045年までに平和と統一で一つになった国（ワン・コリア）を実現すること、そのために朝鮮半島の平和共同体、経済共同体を完成させることなどでした。

2045年が何を意味するかというと、いわゆる植民地統治の解放から100年目という節目の年です。大統領は時間軸を示して大目標を示した形です。

そして、「私たちの力で分断に勝ち、平和と統一に向かう道が責任ある経済強国に向かう近道」としたうえで、日本に対しては「私たちが日本を追い越す道で、日本を東アジア協力という秩序に導く道」と言及しています。

日本には負けない、日本に勝てる、日本を追い越す、こういった趣旨の発言を、文大統領はたびたび繰り返しています。

その〝秘策〟というのが、北朝鮮との協力、タイアップ、ひいては統一ということ。韓国と北朝鮮の経済共同体が実現すれば、東アジアをリードする経済強国になれるということのようです。

実際、韓国経済の現状を見れば、少子高齢化や国内景気の停滞、失業率の増加などが慢性化し、産業も輸出頼み、半導体頼みの構造から抜け出せずにいます。

ジリ貧状態から抜け出すには、南北の協力で新たな成長エンジンを創出し、一気呵成で国力を上げたいと大統領は考えています。

具体的に演説の中では、南北が力を合わせることで8000万人の単一市場ができあがり、2024年頃までに一人当たり国民所得は4万ドル（現在は約3万ドル）を超え、GDPランキングは6位規模に（現在12位）、国民所得は2050年頃までに7～8万ドルに到達することが可能としています。

合わせて、国内で慢性的な問題となっている低成長・低出産・高齢化を解決する答えも、それまでに探しだせるはずだと語りました。

とはいえ、南北がタイアップし、経済共同体を実現すれば、本当に日本経済を凌駕できるのでしょうか。

一部の日本の政治家やメディア、ネットなどからは「楽観的すぎる」「絵に描いた餅」「妄想か妄言」などと揶揄する声も聞こえてきましたし、韓国国内でも似たような意見は多かったようです。

たしかに、わたしも発言がちょっと強気というか、挑発的な感じもしましたし、そもそもタイアップする状態まで持っていけるのかという話なのですが、一方で、日本もそんなに呑気に構えていていいのか、という感想を持っているのも事実です。

たしかに日本経済は強大です。日本と韓国の経済規模を単純に比べてみると、GDP規模は韓国が1兆5000億ドルくらいで、日本は4兆8000億ドルくらい。韓国は日本の3分の1くらいです。

一人当たりGDPでも韓国は約3万ドルで、日本は3万8000ドルくらいですから、韓国は日本に1万ドル近くリードされている状態です。

貿易額はどうでしょう。日本の約1兆4000億ドルに対し、韓国はやっと1兆ドルに到達したばかり。外貨保有高も韓国の3800億ドルに対し、日本は3倍以上の1兆2600億ドルです。

その差は比べるべくもありません。

「絵に描いた餅」には根拠がある

ただし、これはあくまで韓国という単体で見た場合の比較です。

先述したとおり、文大統領は「南北の協力で平和経済を実現すれば追いつくことができる」と言っている。それが朝鮮半島の夢であり、未来であると。この点が重要になってきます。

もちろん、現実には北朝鮮の非核化が実現できていませんし、米軍と軍事演習をするだけで北の兄妹（金正恩と金与正）から罵詈雑言を浴びせられている現状です。

その意味では「妄想」と言われても反論はできません。簡単な状況ではない。

ただ、大統領には大統領の考えもあるようなのです。そこを見ていくことにしましょう。まずは、日韓関係悪化の契機となった輸出規制です。

これについて、韓国は日本に依存しすぎていた半導体素材について、輸入先を多元化し、国産化にもかなり力を入れはじめています。

韓国の対日貿易赤字の全体額が年平均で240億ドルくらいで、そのほとんどが素材や部品です。

韓国としては、半導体素材3品目（高濃度フッ化水素、レジスト、フッ化ポリイミド）を含む核心素材などについては、日本以外の国、たとえばアメリカや中国、EUなどからの輸入へシフトチェンジしています。

これはすなわち、日本がわざわざ自分たちのお客を逃がしているということです。

また、いわゆる「100大核心戦略品目」（半導体、ディスプレイ、自動車、電機電子、機械金属、基礎科学などの分野）について、早ければ1~2年、遅くとも5年以内に国内供給を安定させるとしています。

具体的には、安全保障上の需給リスクが大きい20品目は1年以内に、その他の基礎科学分野の80品目は5年以内にということです。

この5年以内の目標達成に計上される予算は45兆ウォン。日本円で4兆円規模です。技術革新へ向けた研究開発（R&D）にも予算が潤沢に投入されます。

もちろん、技術革新というのは一朝一夕で生まれるほど簡単ではないですし、金をかければすぐ結果が出る話ではないのですが、早期の技術確保が難しい場合は、合併・買収、すなわちM&Aや、海外企業からの技術導入なども積極的に行っていくとしています。

こうした広範囲な展開を考えれば、数年で一定以上の効果は期待できると分析する専門家もいるようです。

トランプが認めた北朝鮮の観光資源

南北関係が早期に改善されるかどうかはさておき、南北の平和共同体、経済共同体という形が将来に実現し、北と南がタイアップしたときの経済的な潜在力については、国際社会も十分に認めているところです。後述しますが、海外の投資家もそれは同じです。

たとえば、アメリカのトランプ大統領は、2018年6月にシンガポールで金正恩委員長と会談したのですが、会談が終わって記者団に応えていたとき、こんなことを言って記者を笑わせました。

「あそこの国（北朝鮮）には素晴らしいビーチがあるんだ。以前、大砲を海に向かって撃っている映像をみたとき、『あの景色を見ろよ、美しい。素晴らしいマンションが建てられる』とわたしは言ったんだ」

軍隊が大砲をぶっ放しているいかつい映像を見ながら、一瞬で観光資源としての価値を感じ取り、その潜在的な魅力に興味を持つところは、いかにも不動産王のトランプ大統領らしい洞察力といえます。

実際、トランプ大統領は、ほかの場でも「北朝鮮はロケーションの面でも大変な潜在力がある。驚くほどの不動産と信じがたいほどの自然の潜在力を持っている」という趣旨の発言をしています。

安倍総理だってそうです。過去に国連で演説した際に、北朝鮮の核開発を強く批判しながら、一方では「北朝鮮はアジア・太平洋の成長圏に隣接し、立地条件に恵まれている。勤勉な労働力があり、地下資源もある。それらを活用することができれば、北朝鮮は経済を飛躍的に伸ばせ、民生を改善する道がありえる。そこにこそ北朝鮮の明るい未来がある」と語っています。

総理のいう「立地条件」とは、ロシアや中国という超巨大マーケットを抱える大国に隣接し、技術力のある韓国とは地続きにあり、経済大国の日本とは海を挟んで対面しているということ。この立地は北朝鮮が持つ潜在力の源泉です。

こう言ってはなんですが、日本はたしかに経済強国ですし、国民もまじめで勤勉、治安もいい国です。

ただ、これから爆発的に国力を伸ばす可能性というのは、はっきり言ってしまうとほとんどないわけです。現状維持か、ＧＤＰが何パーセント伸びるとか、だいたいそのくらいが現実的なことだと思います。

もちろん、それは日本が悪いというわけではなく、世界中どこの国もそうなんです。アメリカだってＥＵだって、爆発的な成長なんて期待できません。ＢＲＩＣｓ（ブラジル、ロシア、インド、中国）だって同じ。どこもそうです。

ところが、朝鮮半島だけは、その「爆発力」が潜在的にある。GDPが5%上がるとか、10%上がるとか、そんなちまちました話じゃない（10%でもかなりの数字ですが）。これが、朝鮮民族が抱く「夢」なんです。

そのことをトランプ大統領も安倍総理も、中国もロシアもわかっている。その潜在力の大きさに、文在寅大統領が大きな期待をかけているということなのです。

その「爆発力」の大きな柱となるのが、先ほどの安倍総理の演説の中にも出てきましたが、北朝鮮の地下に眠る豊富な資源です。

この地下資源については後で詳しく触れますが、要は北朝鮮にはレアアースなど地下資源が潤沢に埋蔵されていて、その価値は金額にして600兆円相当に上るといわれています。

つまり、北朝鮮はただのマイナス要素ではないということ。ここに大きな誤解があるのです。日本人はみんな「北朝鮮は単なるお荷物」としか見ていない。

でも違うんです。東西ドイツが統一したときの東ドイツではない。それどころか、「地下資源」と「立地」の2点から見て、国の体制さえオープンになれば、北朝鮮は韓国を追い抜いてしまう可能性もある。それほどの潜在力を秘めています。

注目すべき労働力

また、北朝鮮の労働力にも、文大統領や外国資本は注目しています。かつて、安価な労働力といえば中国でしたが、今はかなり高騰してしまい、業態によっては中国に工場を置く必然性が薄れています。

ベトナムも中国に代わって人件費が安いというイメージがありますが、今や賃金はラオスやミャンマー、マレーシアの約2倍で、カンボジア、タイ、フィリピンの約30～45%高く、さらにラオスにしても、2015年からの5年間で賃金が15%近くも上がったとのレポートもあります。

そうした中、北朝鮮の労働力は、おそらくアジアでもっとも安く、そして勤勉で、教育レベルも比較的高く、なにより労働者同士で同じ言語を用いるために、コミュニケーションにも問題がありません。

こうした労働力が2500万人もいるということは、少子化・人口減少の韓国にとってとんでもないほど大きなアドバンテージです。

それと、これは本質的にいいことなのかどうかわかりませんが、独裁国家なので労働争議をされる心配がまったくありません。

韓国の自動車工場のように、ストや賃上げ要求で、生産効率が下がるというリスクがないということは、投資する外資にとっての安心材料の一つです。

また、広大で安い土地も大きな魅力です。国土面積は韓国より北朝鮮のほうが広いうえ、土地の賃貸料も格安です。外資が参入するための条件はそろっています。

こうしてみると、南北がタイアップした場合の朝鮮半島のポテンシャルが、いかに大きいかがよくわかると思います。

整理をすると、文大統領は今後、日本との貿易体制を構造的に見直したうえで、技術革新に力を入れ、北朝鮮の豊富な地下資源や観光資源をフルに活用し、安価で良質な労働力を駆使した経済発展に期待をかけているということになるのです。

「日本に勝利する」「もう負けない」「2045年までに」と文大統領が言ったのは、こうしたバックグラウンドがあるということ、決してハッタリではないということ。

いわゆるお花畑のような妄想ではなく、意外にダイナミズムに基づいた中長期的な未来像を描いているということが見えてくるわけです。

南北間に和平が確立すれば、国防費も今より減らして、設備投資や技術開発など、経済発展に投入することも可能です。

「妄言」に聞こえた大統領の発言も、まんざら無茶な話というわけでもなく、むしろ無限の可能性を秘めているようにすら感じられてきます。

朝鮮半島新経済地図構想

「妄言」「絵に描いた餅」などと揶揄された文在寅大統領の発言に、一定の根拠があることが見えてきたところで、韓国が現在、どんなビジョンをもって南北平和経済の実現に向かっているか、具体的に見ていくことにしましょう。

大統領は、経済面での南北タイアップという悲願達成の策として、「朝鮮半島新経済地図構想」を掲げています。

構想は、「朝鮮半島に3大経済ベルトを構築する」ことと、「南北単一の市場協力体制を作る」ことなどが柱となっています。

【3大経済ベルトの構築】

①東海圏エネルギー・資源ベルト

②西海（黄海）湾産業・物流・交通ベルト

③DMZ（非武装地帯）環境・観光ベルト

以上、三つの経済ベルト地域を朝鮮半島に構築することで、新しい成長戦略を行使し、中国の「一帯一路」構想やロシアの新東方政策とも連携を図りながら、広域的な経済協力圏を形成しようというものです。

では、三つの経済ベルトの中身はどういうものなのか。

まず、①の東海圏エネルギー・資源ベルトは、朝鮮半島の東側（日本海側）に金剛山～元山～端川～清津～羅先とつながる経済ベルトを開発し、これを鉄道路線（東海線）

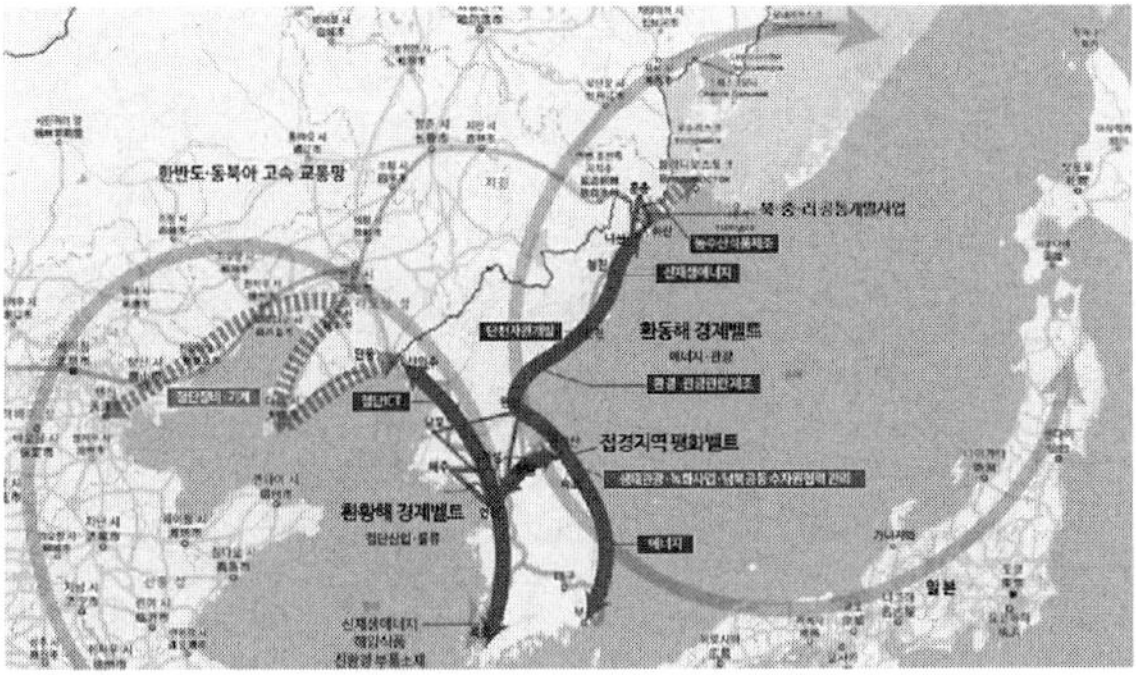

朝鮮半島新経済地図構想の軸となる「3大経済ベルト」（出所：韓国国家企画諮問委員会）

の改修や接続で釜山からロシアまでを連結させるというものです。

羅先の羅津港は「第2のシンガポール港」もしくは「第2の釜山港」と注目されているところで、国際貿易中継拠点としての整備がすでに進められています。

ちなみに、羅津とロシアのハサン間では、過去に物流事業が南北共同で実行されていた実績があるのですが、北の核実験で現在は中断状態。逆に言えばその問題が片付けばすぐにでも動き出せるということです。

②の西海（黄海）湾産業・物流・交通ベルトですが、これは朝鮮半島の西側、ソウル～開城工団～平壌～南浦～新義州をベルト地帯とし、南北を結

ぶ鉄道（京義線）の補修や複線化、高速道路の建設、さらにはソウルから北京までの高速鉄道の建設など、交通インフラ整備が軸となります。

加えて二つ目の開城工業団地の建設や、西海平和経済地帯の造成、仁川〜開城〜海州を結ぶ物流ネットワークと中国各都市との連結などが盛り込まれています。

③のDMZ（非武装地帯）環境・観光ベルトは、軍事境界線上の非武装地帯（DMZ）に、雪岳山〜金剛山〜元山〜白頭山を結ぶ観光ベルトを構築します。

金剛山は2章で触れたとおり、今は中断していますが、国際観光特区として実績があり、その価値の大きさは実証済みです。

また、元山《ウォンサン》は金正恩委員長の肝いりで巨大リゾート施設の建設を進めていることで注目されています。まずは中断している金剛山観光の再開、元山と雪岳山を結ぶ観光協力事業などが中心となります。

米朝関係さえ改善されれば、金剛山観光は比較的早い段階で再開できるとの見方も出ています。

また、板門店から開城を特区（平和協力地区）に指定し、DMZを国際平和地帯として国連機関などを誘致します。以上が「3大経済ベルト」の概要です。

実は経済特区の考え方については、北朝鮮も以前から力を入れています。

北朝鮮は、2013年に発表した「経済建設と核武力建設の併進路線」という方針に伴い、「各道（日本でいう都道府県）の実情に合わせた経済開発区（経済特区）を建設する」との方向性がすでに示されています。

また、経済開発区法という関連法律も策定されています。いうならば、経済特区政策は北朝鮮の経済政策の柱ともいえるのです。北朝鮮が現在指定している経済特区は22カ所。これに合わせ、韓国側は「南北接境地域共同管理委員会」という組織を設置し、経済特区を推進する条件を整えるとしています。

先ほど話に出た、リゾート開発の拠点・元山と、第2のシンガポール港・羅津という二つの都市のポテンシャルについては、後でもう少し詳しく触れたいと思います。

【南北単一の市場協力をつくる】

三つの経済ベルト地域を朝鮮半島に構築したうえで、青瓦台が考えているのは、南北にまたがる「単一市場」の構築です。

ＥＵのように、人やモノ、資本、サービスなど移動障壁がない単一市場を朝鮮半島に形成し、それによる生活共同体を形成するということです。

国として統一がすぐにできないまでも、せめて経済共同体としてＥＵのように自由に往来し、一緒にお金を稼ぎましょうと、その流れの中で国としての統一にも向かいましょうという発想です。

韓国の人口は現在５１５０万人くらいで、日本の人口の４割くらいの規模ですが、南北が一緒になってＥＵのようになれば、およそ８０００万人に近い単一市場ができ、経済規模も世界６位規模になる可能性があるというものです。

これが何かというと、たとえば人口だけでいうとフランスが７５００万人、イギリスが６５００万人くらいですから、人口規模だけでいうとそれに並ぶわけです。

また、面積でいっても、韓国の国土は日本の５分の１くらいですが、南北が合わさると５分の３くらいになる。

北朝鮮を一方的に支援だけしていればいいというのではなく、南北が合わさる中で共有する資産をふくらませ、上手に利用し、互いの体制を保証しながら、南北相互間の利益になるように、ともに豊かに暮らそうというのが韓国のプランです。

かつて日本が韓国でやっていた成功体験

以上、非常にざっくりとですが、文在寅大統領が掲げる朝鮮半島新経済地図構想のおおまかな中身を見てみました。

これに対して、意見はいろいろあると思いますが、少なくとも文大統領は、思いつきや根性論、反日感情で「日本に勝つ」「追いつく」と演説しているというわけではないことがわかると思います。

たとえば、経済特区で国の経済を発展させるというやり方は、日本も過去に韓国でやっていたことで、いわば日本の成功体験の一つなのです。

戦争が終わって日韓基本条約を結んだあと、当時の朴正煕政権は馬山《マサン》と昌原《チャンウォン》の2カ所に、輸出加工区、すなわち経済特区を作って日本企業を誘致したんです。

日本企業にとっては、土地は安いし人件費も安い。工場をどんどん作って、部品も日本から輸入して、海外へ輸出しました。

韓国にしてみたら、たしかに雇用はたくさん生まれましたが、部品を日本から買っているので貿易赤字が拡大します。一方で日本は黒字になる。

「損して得とれ」じゃないですが、戦後の日本にとっての「成功体験」ということ。いわば先行投資です。

１章のところで、日本から韓国へ５億ドルの無償・有償合わせての経済協力資金が供与されたけど、日本は商品もさばけて技術料も入ったので、結果として儲かったという話をしましたが、要はそういうことなんです。

実際、国交正常化の翌１９６６年から76年までの11年間で、韓国の対日輸出は70億ドル、対日輸入は１４８億ドルと、２対１の貿易逆調となっています。

見事なまでに一貫して日本の貿易黒字。ちなみに韓国が日本との貿易で黒字になったことは、まだ歴史上一度もありません。

日本は5億ドルもの大金を支援して、うち3億ドルが無償援助といいますが、結果として日本が70兆円相当の貿易黒字を得たという話なんです。

これから韓国が北朝鮮に、1兆円つぎ込むのか2兆円つぎ込むのか、それはわかりませんが、北朝鮮の労働力と資源を使えばどういう結果が生まれるのか、それは日韓の経済史を見れば一目瞭然じゃないでしょうか。

そういう意味でも、文在寅大統領が言っていることは、非現実的とは決して言い切れないのです。

彼なりに南北統一へのロードマップを描きながら、彼なりの哲学で中長期的なビジョンを展開しているということ。そこを知っておかないと事実を見誤る。事実を見誤れば損を見るということです。

はっきりしているのは、南北の経済協力が活性化すれば、文大統領が力を入れている北東アジア経済共同体、すなわち、北東アジア6カ国（韓国、北朝鮮、中国、日本、ロシア、モンゴル）による経済共同体が機能し、朝鮮半島が経済活動のハブとして大いに飛躍するという道筋も見えてくることになります。

北朝鮮経済浮揚の鍵を握る羅先

青瓦台が掲げる「朝鮮半島新経済地図」の3大経済ベルトの構想の中で、拠点となるべき都市がいくつか出てきましたが、その中のひとつ、日本海に面した最北端の羅先特別市について触れておきましょう。

政府から経済特区に指定され、経済制裁が発動されるまでは、ここで活動する北朝鮮企業への外国資本の投資や、自由な経営活動などが許されていました。

そして、ここには北朝鮮経済の浮揚の鍵を握る重要な港、羅先港があることも重要なポイントです。

金委員長は、2019年にハノイで開催された2回目の米朝首脳会談に挑んだ際、シンガポール港を視察したと伝えられています。

シンガポールは、アジアとヨーロッパ、中東、オーストラリアを結ぶ海運の要衝で、東西貿易の拠点として繁栄してきた国です。また、シンガポール港は、全世界の中継コンテナ流通量の17％を取り扱うアジア最大級のハブ港として有名です。

一方、北朝鮮の羅先も、西に中国、北にロシアと国境を接し、東は海を挟んで日本、その先には米国があり、南には韓国が位置しています。地政学的に高い潜在力があることがわかります。

金正恩委員長がシンガポール港を視察した理由はあきらかではありませんが、少なくともこの羅先港を国際海上貨物輸送網の拠点として活用し、経済成長につなげたいという考えがあることは間違いありません。

羅先港の特徴は不凍港であること。冬でも海面が凍りません。そして、３つの埠頭の荷役能力は３００万トンです。

クレーンは９トン級が５基、５トン級が11基。３つの埠頭に１万トン級の船舶が同時に数十隻も停泊することができますし、石油専用停泊地には25万トン級の石油タンカーも停泊が可能です。

この巨大な港に各国がどう絡んでいるか。たとえば、中国は２兆円以上の予算を投じて、中国東北地方の黒竜江省、吉林省、遼寧省の３省開発を国家プロジェクトで進めています。

海に面していないこの3つの省が、物資を海外や上海へ運ぶには、これまでは中国東北部最大の貿易港である大連港が主に利用されてきました。

ところが、このほど羅先港までのアクセス道路が開通したことで、今後は中国東北地方からの物量、すなわち年間500万トンくらいの物量のうち、3分の1ほどが羅津港を経由するとみられます。

そのほうが中国企業にとっても輸送コストが大幅に圧縮できるうえ、羅津港からはロシアや日本、カナダ、米国にまで物流網を広げられるので、大連港より経済的な魅力は増します。

すでにロシアは10年ほど前に、羅先港の3号埠頭について、49年間の租借権を北朝鮮政府と契約しており、東アジアへの輸送拠点としてフル活用しています。

実はロシアと北朝鮮は、非常にわずかな幅ですが、国境を接しています。

この国境近くのロシア側、もっとも北朝鮮寄りの街がハサンというところで、このハサンから羅先駅を50ｋｍほどの鉄道が結んでいます。

ただ、線路幅の規格がロシアと北朝鮮とは違っていて、北朝鮮の線路幅のほうが狭い。

そこでロシアは2013年に、線路幅を全部ロシアの規格に合わせる敷設替え工事を行っています。これにより、モスクワから羅先まで一気にモノを運べる体制になりました。羅先駅から先はまた線路が狭くなるため、ここで車両を乗せ換える作業が必要にはなりますが、導線としてはモスクワから平壌までがつながっているということ。すなわち、ロシアの事実上の経済圏といっても過言ではありません。それほど羅先港はロシアにとって重要なのです。

実際、極寒の地のロシアの港といえば、冬場は零下10度から20度にまで下がり、流氷が障害物となって船が停泊できないこともあります。冬でも海面が凍らない不凍港は、ロシアにとって実に利便性の高い港なのです。

羅津港が物流の中心的役割を果たす

北朝鮮との間で「羅先コントランス」という合弁会社を設立しているロシアは、将来的には朝鮮半島南北縦断鉄道とシベリア鉄道を結び、羅津港に鉄道で入ってくる東北アジアの貨物や、釜山港から船で入ってくる貨物を、欧州に輸送する計画を立てています。

そうなれば、北朝鮮の羅津港が、アジアとヨーロッパの物流の中心的な役割を果たすわけです。それだけの潜在力が羅先港にはあるということです。

また、内陸に位置するモンゴルも羅先に注目しています。モンゴルといえば、金や銀、銅、亜鉛、レアアースなどの鉱物資源や、ウラン、石油といったエネルギー資源が豊富な国で、外貨獲得の大半を鉱産物の輸出で得ています。

一方、近年は中国やロシアへの過度な依存から抜け出すために、日本との貿易に力を入れており、それには羅先港は重要な拠点となってきます。

そのモンゴルも２００７年、すでに北朝鮮との間で協定を結び、羅先特別市と経済貿易協定に調印しています。

一方、韓国には世界5位のハブ港、釜山港があります。現状は釜山港に入ってくるコンテナを、船でドイツのハンブルグ、オランダのロッテルダムに運び、そこから鉄道とトラックで欧州内陸に運んでいます。

ただ、これだと日数にして40日ほどかかってしまい、当然ながら輸送コストもかかります。

これを釜山から船で羅津へ運び、そこから列車でモスクワまでもっていけば、日数にして12日間も短縮でき、コストも大幅に圧縮できます。

北朝鮮との南北縦断鉄道整備の協議が進展し、釜山から羅先まで開通すれば、こうした展開が可能になるということ。これが南北経済共同体の醍醐味です。

これら関係国が羅先港を全面的に使用する形になれば、北朝鮮に港使用料だけで年間4億ドル以上が入る計算です。

つまり、すでにタイアップがはじまっているロシアとモンゴル、中国、これに南北縦断鉄道の開通で韓国が加わることで、羅先港は第2のシンガポール港のような、一大国際中継貨物拠点になる可能性を秘めているということなのです。

元山葛麻海岸観光地区

3大経済ベルトの拠点都市のひとつ、羅先市の潜在力については以上のとおりなのですが、それ以外にもう一つ、元山市についても少し触れたいと思います。

元山は江原道の道庁所在地で、人口は約36万人。軍港である元山港は、いわゆる万景峰号の母港として知られています。

かねてより避暑地として人気があり、経済制裁前までは中国から観光客が多く訪れていました。

実はここに、金正恩委員長の肝いりで、大規模なリゾート施設群、「元山葛麻（ウォンサンカルマ）海岸観光地区」の建設が計画されています。30万都市を再開発して、巨額の外貨を稼ぐ人気観光スポットにするという目論見です。

というのも、国連安保理の経済制裁は、石炭や鉄鉱石、水産物、繊維製品などの輸出を各国が受け入れることを禁止してはいますが、実は観光業はその対象から除外されているのです。

金正恩党委員長は2018年1月1日の施政方針演説「新年の辞」で、経済政策の重要課題として「元山葛麻海岸観光地区の建設を最短期間内に完工」すべきと語っています。

また、労働新聞はこの年の5月、第4面の3分の1ほどのスペースを大きく割いて、元山葛麻海岸観光地区の建設現場の写真を紹介しました。

ちなみに、金委員長は2018年だけで元山の現場を3回も訪れており、その熱の入れ具合が伝わってきます。

一部で報じられた施設の紹介VTRによると、空港に近い海岸沿いに、ホテルがいくつも林立し、海岸にはビーチパラソルも並び、コンサート会場や噴水などを見ることができます。カジノホテルが建設されているともいわれています。

2016年に韓国に亡命した北朝鮮の太永浩元駐英公使の証言によると、北朝鮮は中国や韓国の企業に運営を委託し、自分たちは施設の賃貸料を収益にする考えを持っているとしています。完成すれば、年間100万人の観光客を北朝鮮政府が見込んでいるとのことです。

北朝鮮の観光開発はこれだけではなく、中国との国境にまたがる白頭山の麓、三池淵郡で、大規模な都市開発を進めてきましたが、合わせて山岳リゾートの開発も発表され、朝鮮中央通信は2019年12月、金委員長が竣工式でテープカットをする様子を伝えました。

報道によれば、老朽化した既存のリゾート施設を、スキー場やスパ、ホテルなどを備えた近代的な複合リゾートにする計画です。

一方、ここへ来て工事が思うように進んでいないとの報道も出ています。朝鮮中央通信は2019年4月、「金委員長が元山のリゾート建設地を視察し、工期を6カ月延期するよう指示した」と報じました。

2018年8月に視察したときは、金委員長からは、翌19年の朝鮮労働党創建記念日（10月10日）までの完成が厳命されたらしいのですが、やはり長引く経済制裁で建設資材が調達できなくなり、電力事情も悪化したことなどで、中断を余儀なくされたというところでしょう。

とはいえ、核ミサイルや独裁政権、先軍政治、民衆の貧困といった内向きなイメージばかりが先行しがちな北朝鮮で、こうした海外向けの大規模リゾート開発の発想があったことは驚きでした。

今は中断しているこのプロジェクトも、南北の経済協力さえ進展すれば、韓国資本や中国資本などを投入することで早期に完成し、外貨獲得のための大きな武器となりうるということです。

地下資源の中身

「日本に一気に追いつく」と国民に啖呵をきった文大統領の、その背景に何があるのか、ここまでいろいろ見てきたわけですが、中でも大統領がもっとも期待しているとみられる〝隠し球〟が、先ほどからたびたび話題にあがっている、北朝鮮の地下資源（鉱物資源）です。

北朝鮮にどれだけの地下資源があるかについては、韓国統計庁が主要鉱物埋蔵量の潜在価値として、２０１０年に約６９８３兆ウォン（当時の日本円で６００兆円相当）と見積もっています。これは韓国の24倍の量です。

同じく韓国の統計では、北朝鮮に埋蔵される鉱物資源は約２００種。さらに東アジア貿易研究会という日本のシンクタンクも、経済的価値を有する鉱物だけで１４０種類を超えるというレポートを出しています。

特に開発価値のある資源としては、金、銀、銅、鉄、亜鉛、マグネサイト、石炭、石灰石、黒鉛、チタン、ニッケル、タングステン、モリブデン、コバルト、マンガン、クローム、ウランなど。このうち、世界10位に入る鉱物だけで7種類もあるとしています。

たとえば、耐火煉瓦や建材など、いろいろな用途に使われるマグネサイトの北朝鮮における埋蔵量は、実に世界1位の65億トン。

これは世界の埋蔵量の半分に当たり、韓国の2500年分くらいの需要に相当するといいます。

アメリカにミネラルズ・テクノロジーズ社という、鉱物資源処理関連企業があり、本社はニューヨークにあるのですが、この企業がかつて、北朝鮮との間で100万トン規模の契約を交わしたことがあるのですが、この量はアメリカ合衆国が海外から輸入している量の4分の1。大変な量なわけです。

また、鉄鉱石の埋蔵量は、だいたい30~50億トンくらいとみられていて、仮に50億トンなら、韓国の需要の32年分です。

さらに、車や航空機、家電製品などのオイルシールや、電池の負極材、車のブレーキパッドなどに使われる黒鉛ですが、こちらも埋蔵量は豊富です。

黒鉛はグラファイトとも呼ばれ、天然黒鉛と人造黒鉛があるのですが、北朝鮮の天然黒鉛の埋蔵量は世界3位。さらに、自動車ステンレスの添加剤として使われるモリブデンは世界4位です。

石炭埋蔵量も、先ほどの東アジア貿易研究会が、130億トン程度と見積もっています。セメントの原料となる石灰石の埋蔵量も1000億トンとみられています。

口座凍結をゴールド輸出でしのいだ

地下資源についてもう少し続けましょう。タングステンという、3000度くらいでないと溶けない非常に熱に強い金属がありまして、自動車部品などの工作機械や電球のフィラメント、コピー機や空気清浄機に入っているコロナ放電線などに使用されるのですが、これが60万トン埋蔵されていると見積もられています。

原子力発電に欠かせないウラン、北朝鮮にとっては核プログラムにも必要なわけですが、このウランは黄海南道や平安北道、朔州など計10カ所に数百万トンが埋蔵されていると見積もられています。

ある筋からは400万トンなどという数字も出ていて、それはちょっと多すぎだとわたしは見ているのですが、もしその半分としても200万トン。現在、世界で経済的に採掘可能なウラン資源は200万トンくらいといいますから、大変な埋蔵量であることは間違いないでしょう。

金鉱については、金業界の国際的な市場開発組織である「ワールド・ゴールド・カウンシル」というところが、少し古いですが、2012年にある報告書を公開しています。

これによると、北朝鮮における金の埋蔵量は2000トンで、世界10位。銀鉱も3000~5000トンで、銀の産出量はアジアの産銀国の中で5位にランクされました。

ちなみに、北朝鮮と金でいえばこんな話があります。

アメリカ政府が2006年、北朝鮮がマカオの銀行、バンコ・デルタ・アジアを利用して、多額の資金洗浄を行い、偽造した100ドル札を流通させたとして、北朝鮮に関連した複数の口座、日本円で約29億円を凍結したことがありました。

さぞかし北朝鮮は窮地に追い込まれただろうと思われましたが、実はこの年、北朝鮮は1300kgほどの金塊をタイへ輸出し、日本円で33億円相当の外貨を手にしていました。

口座凍結のニュースは世界中に配信されましたが、裏でゴールドを売って帳尻を合わせていたという話はほとんど伝えられていません。

地下資源をフルに活用してピンチを脱しているわけですから、自分たちが持っている武器の使い方をよく知っている。したたかな国というしかありません。

中国に次ぐといわれるレアアースの埋蔵量

世界中の地下資源の中で、特に注目されているのがレアアースです。

レアアースとは、スカンジウム、イットリウム、ランタン、ルテチウムなど17の希土類元素の総称で、電気自動車やハイブリッド車、家電などのモーターや磁石、そのほか蓄電池や発光ダイオード（LED）など電子製品をつくる際にも使われるなど、ハイテク産業には欠かせない素材です。

現在、把握されているだけで、世界に1億2000万トンのレアアースが埋蔵されているとみられています。

アメリカの政府機関、米地質調査所（United States Geological Survey（USGS））が2019年に公開した統計（2018年ベース）によると、もっとも埋蔵量が多いのは中国で約4400万トン。全体の3分の1以上を占めています。

次がブラジルとベトナムで、量としては2200万トンほど。中国の半分くらいです。次いでロシアが1200万トン、インドが690万トン、オーストラリアが340万トンとみられています。

埋蔵量ではなく生産量で見ても、1位は中国で約17万トン。これは前年より30％近く増えた計算で、世界全体の生産量の70％以上を占めています。

次がオーストラリア（2万トン）、米国（1万5000トン）、ミャンマー（5000

トン）、ロシア（2600トン）と続いています。

　この希少価値の高いレアアースを、中国は戦略資源と位置づけています。2019年6月には、湖南省にある世界最大級のレアアース鉱山に着工したと報じられました。

　アメリカはレアアースの8割を中国に依存しているので、中国が自給率をさらに高めることは、アメリカをけん制するカードにもなります。

　それほど重要な素材であるレアアースが、中国に次いで、北朝鮮の国土に豊富に眠っているとみられているのです。

　北朝鮮におけるレアアースの存在が最初にわかったのは2011年6月。朝鮮中央放送が「希土類（レアアースのこと）は、鉄鋼工業のような伝統的な工業についてはもちろんのこと、現代の尖端製品にも必須的に使われる貴重な資源であることから、21世紀産業のビタミンとなる」と突然報じました。

　労働新聞も2013年、14年と二度にわたりレアアースに関する記事を出し、

「レアアースをめぐって世界で争奪戦が起きている」

「我が国のレアアースの埋蔵量は世界的なレベルとなる」

などと報じたのです。

北朝鮮でレアアース鉱物資源の開発事業を取り仕切っているのは、国家資源開発省（金哲寿・開発相）という部署ですが、ここの副局長がテレビのインタビューに答え、「レアアース鉱物資源の効果的な利用は経済強国の建設で重要な意義を持つ」とも述べています。

そして、〝将軍様〟がおそらく最初にレアアースに言及したと思われるのが２０１４年。金正恩委員長は元旦のあいさつで、「貴重な地下資源を保護し、積極的に増やさなければならない」と強調しました。

これは一般的な地下資源のことというよりも、戦略物資となりうるレアアースを意味しているのだと思われます。

先ほど、マカオの口座を凍結された裏で、タイに金を大量に売りさばいていたという話が出ましたが、経済制裁に直面している北朝鮮にとって、金や銀より価値のあるレアアースを開発すれば、この経済苦境を打開することができると考えていることでしょう。

最大で世界1位、最小でも世界4位

北朝鮮にどれだけのレアアースが埋蔵されているか、北朝鮮政府が国際社会に公開していないこともあって、正確なところはわかっていません。したがって、先ほどの米地質調査所の集計の中にも、北朝鮮の数字は乗ってきていないのです。

このため、いろいろな専門機関が推定値を出しているのですが、これがけっこう幅があり、どの数字が正解に近いのかも判断に迷います。

たとえば、韓国鉱物資源公社は、２０００万〜４８００万トンほどが北朝鮮に埋蔵されていると見積もっており、もし最大の４８００万トンであれば、中国を抜いて世界１位ということになります。最小値でも世界４位です。

また、これよりはるかに大きい見積もりもあります。中国の証券時報網は２０１３年、「北朝鮮で大規模なレアアース鉱床発見か。潜在価値は数兆ドル」との見出しを打ち、平安北道定州における鉱物の埋蔵量が推定で60億トン、そのうちレアアースだけで２億トンにのぼるとの記事を掲載しました。

また、イギリス領のヴァージン諸島に本社を置くSREミネラルズ社が、2013年末に地質調査を行ったところ、平壌の西北の平安北道定州地域の鉱床に、推定2億1600万トンのレアアースが眠っている可能性があると発表しました。

先ほどの、USGSによる世界のレアアースの埋蔵量が1億2000万トンということなので、その2倍ということになります。

同社はすでに北朝鮮側と合弁会社を設立していて、今後は25年契約で鉱床を開発するとしています。また、これに合わせて精製工場も設立すると報じられています。

ちなみに、同社がヴァージン諸島を拠点にする理由は、国連や米国による経済制裁を回避するのが狙いとみられます。北朝鮮は、世界各地のタックス・ヘイブン（租税回避地）に経営実態のないフロント企業を設立し、そこをとおして不正取引をするため、これが制裁の抜け道として問題となっているのです。

話を埋蔵量に戻すと、先ほどの2億トンよりはるかに大きな数字も出ています。

韓半島鉱物資源開発融合研究団が「北朝鮮地域の鉱物マップ」を公式サイトに掲載し

ているのですが、これによると、北朝鮮には鉄や金、銅、鉛・亜鉛、マグネサイトなどの鉱物が豊富に分布するとしたうえで、咸鏡南道、平安北道、黄海道の一帯に、20億トンほどのレアアースが埋まっていると分析しています。世界の埋蔵量の16倍を超えてしまう量です。

にわかには信じがたい数字ではありますが、仮にもっとも少ない見積もり、すなわち2000万トン規模だとしても、ロシアと並ぶ埋蔵量です。

原油も埋蔵されている

もちろん、いくら量があっても質が悪ければ意味はありませんし、採掘から分離、合金化にいたるまでには高度な専門技術も必要です。

イギリスのBBCも北朝鮮のレアアース事情について、「公害物質が多く発生するため簡単に参入できる市場ではない」と伝えています。そもそも経済制裁を解除しなければ一般企業は手を出せません。

とはいえ、途方もない潜在力が地下に埋まっていることは間違いなく、南北が平和共同体を実現したあかつきには、強力な推進力となって朝鮮半島の経済を底上げし、「日本に一気に追いつく」ことを可能にするでしょう。

また、レアアースの話が少し長くなりましたが、あまり知られていない話として、北朝鮮には原油も埋蔵されています。主に平安南道・粛川や安州、日本海の元山沖、及び黄海に近い南浦沖に埋蔵されているとされ、南浦沖だけで430億バレル（約60億トン）規模の原油が埋蔵されているとも伝えられています。イギリスの石油企業、アミネックス精油会社は、北朝鮮の原油の埋蔵量は世界で8位の規模と見積もっています。

とはいえ、こちらも国連制裁が解除されない限りは、外国企業が開発や投資をすることはできません。

投資家ジム・ロジャーズの北朝鮮観

文在寅大統領は北朝鮮に前のめりになりすぎるとして、たびたび国際社会から批判されていますが、文大統領とすれば、南北経済協力というのは、あくまで非核化と朝鮮半島の平和に基づくビジョンであるという考えなのです。

おりしも、アメリカのジム・ロジャーズという著名な投資家が、北朝鮮の地下資源の存在も含めて、朝鮮半島の将来を高く評価しています。ほぼ毎年、韓国を訪れて講演などをしており、文大統領もこの人の分析を心の支えとしていると言われています。

ロジャーズ氏は２０１８年に訪韓したときにラジオ番組に出演し、次のようにコメントしています。

「統一コリアと日本を比較した場合、日本は相手にならないだろう。韓国の知識と資本、ノウハウなどを使って北朝鮮の豊富な人力資源と天然資源を活用すれば、統一コリアは大きく変貌する。北朝鮮で起きている肯定的な変化は結局、北朝鮮のみならず韓国も含めて、朝鮮半島全体が投資にもっとも適した場所となるだろう。文在寅大統領の対北政策が成功し、朝鮮半島に真の平和と繁栄が訪れれば、南北は莫大な金を節約でき、戦争脅威の中で不安に脅えながら暮らさずに住むことになる」

おわかりかと思いますが、ここまで本書で述べてきたことと、ほぼ同じことを彼は語っています。そしてこれは、文大統領が目指す南北の経済協力へ向けたビジョンとも完全に一致することでしょう。

繰り返しになりますが、今の状況では韓国の狙いも絵に描いた餅といってもしかたありません。しかし、米朝関係が改善し、北への制裁が緩和されれば事態は一気に動き出します。文大統領の構想も「妄言」で片づけるわけにはいかない話になるのです。

ジム・ロジャーズ氏の名前が出たので、ここでもう少し彼のことに触れておきたいと思います。

世界の3大投資家の一人として知られる彼が朝鮮半島をどう見ているのか。政治やイデオロギーの色眼鏡を通さない、合理的で論理的な投資家の審美眼から見て、北朝鮮と韓国の未来はどう映っているのか。そこを見ていきましょう。

ジム・ロジャーズ氏は米国出身で、年齢は2020年4月現在で77歳。かつてジョージ・ソロス氏と共同でヘッジファンドを立ち上げ、10年間で約4000%という数字をたたき出し、世界中に一躍その名を知らしめました。

現在は投資会社「ロジャーズ・ホールディングス」の会長として、海外の投資家らに韓国や北朝鮮への投資を、かなり積極的に勧めています。

訪韓した際のフォーラムで、「統一コリアは8000万の人口に韓国の資本と専門性、北朝鮮の安価な労働力、巨大市場の中国に隣接している立地面での優位性などを武器に強力な国家となる」と展望を強調しました。

ただ、氏はアメリカ国籍であるため、アメリカや国連安保理の経済制裁の壁もあり、北朝鮮に投資するには壁があります。そのうえで、「可能ならば統一を念頭に置いて北朝鮮に投資をしたい」と語っています。すでにオバマ政権時代の2015年に、CNNとのインタビューに答える形で、「北朝鮮に全財産を注ぎ込みたい」と述べ、SNSでも「合法化されれば直ちに投資手続きに入る」とコメントし、そのうえで「今は韓国への投資を優先させるべき」として、韓国への投資を勧めています。

一方で、日本に対しては厳しいコメントをすることも多く、このため日本の保守層からは毛嫌いされているようです。たとえば、サムスンの招待を受けてソウルを訪れた際、「北朝鮮の開放への意思はあるか」と聞かれた際には、「韓国と北朝鮮はどちらも開放されることを願っているし、中国と米国、ロシアも望んでいる。日本はそうではない感じだが、関係ない」といった具合です。

南北の平和的な経済協力の実現については「北朝鮮には、熟練して教育水準が高い安価な労働力が豊富にある。地下資源も豊富。韓国は資本が豊富で経営専門性も備えている」とポテンシャルの高さを十二分に認めています。

東西ドイツの統一で起きた混乱については、「東ドイツの場合は西ドイツと統一したときに周辺に裕福な国がなかった。しかし、北朝鮮は韓国、中国、ロシアのような十分な投資余力を備えた近隣諸国がある。大きな心配はいらない。心配するとしたら在韓米軍程度だ」と答えています。

「北朝鮮が開放されれば、朝鮮半島は世界の工場である中国やインドを押しのけ、世界でもっとも高い経済成長率を誇る国になる」と可能性を語るロジャーズ氏は、「北朝鮮でのビジネスは何をしても成功する。ピザのチェーン店でもうまくいく」と、かなり楽観的。この発言をどの程度真に受けていいかという声もありますが、少なくとも、伝説の投資家が朝鮮半島の潜在力を把握し、魅力ある投資対象として見ていることは確かといってよいでしょう。

第4章　朝鮮半島の統一は日本にとって脅威なのか

日朝関係の基本となる平壌宣言

韓国と北朝鮮が一緒になった場合、経済大国の日本に負けない国力を持つ国、あるいは経済共同体になりうるという話をしてきました。

そうなると、多くの日本人の頭には、「南北統一は日本の脅威なのではないか」という発想が浮かびがちです。

日本をいつも批判してきた2つの国が合体し、しかも地政学的にもお隣りにあるわけですから、不安になる気持ちもわからないではありません。

ただ、これも結論から言ってしまうと誤解なんです。むしろ、日本は得することのほうが多い。そのためには、統一してもらったほうがいいんです。

なぜなのか。その理由の前に、まずは日本と北朝鮮との関係性について考えてみてください。

振り返れば、日本の総理大臣が歴史上、初めて北朝鮮のトップと会ったのは、2002年9月17日。当時の小泉純一郎総理がアメリカに先駆けて電撃訪朝し、金正日総書記と会談しました。

そのとき、小泉総理が何を言ったか。「わたしは北朝鮮のような近い国との間で、懸念を払しょくし、互いに脅威を与えない協調的な関係を構築することが日本の国益に資するものであり、政府の責務として考えている」と言ったのです。

このあと調印された「日朝平壌宣言」は、総理のこの発言がベースになっています。これは、非常に重要なことを言っています。つまり、日本が北朝鮮と協調的な関係を構築することは、日本の国益にもなるんですよと。簡単にいえば、仲良くなれば日本も得するということなんです。

日本が韓国と貿易をして、貿易黒字を毎年積み上げているから「日本が得をする」というのはわかりやすいですが、北朝鮮と関係を改善することも日本の得になるということ。

もちろん、その前には「懸念を払しょく」、すなわち拉致問題、核問題、ミサイル問題、過去の精算問題、いろいろハードルはあるけども、最終ゴールは「お互いの国益に資する」というところなわけです。

平壌宣言にも「双方は、北東アジア地域の安定と平和を維持、強化するため、互いに協力していく」ことが確認されていました。

ところが、あれから20年近くたちますが、現状を見ると変わっていません。むしろ悪くなっているかもしれない。平壌宣言も生かされていません。死文化しているどころか、もう誰も覚えていないのではないでしょうか。

たとえば今30歳くらいの社会人でも、この首脳会談があったのは小学生か中学生の頃でしょうから、「そんなことあったの」くらいの感想だと思います。

しかし、この宣言は実はそんなに軽いものではなくて、非常に大事なものです。その後の日本の歴代政権も、今の金正恩政権も、日朝間で何か話し合うときは、指針になるのは、結局はこの平壌宣言なのです。

２０１４年にストックホルムで日朝政府間協議が行われたときも、合意文書が作られましたが、その中身も「日朝平壌宣言に則って真摯に協議を行った」となっている。

あるいは、翌年のマレーシアでのＡＳＥＡＮ会議のときも、当時の岸田外務大臣が、北朝鮮の李洙墉（リ・スヨン）外相と会談し、「昨年の日朝合意の履行」という前提でもって、拉致のことや、安全保障のことなんかを話しているわけです。

日本と北朝鮮が何かを話すときは、常にこの平壌宣言が基本になる。そしてその骨子は、繰り返しになりますが、北朝鮮と協調的な関係を構築することは、日本の国益にもなるということなのです。

制裁を科すほど懸念材料が増える

拉致問題で北朝鮮が不誠実な対応を取り続けていたというのは、確かにそうです。日本政府も日本国民も当然、怒りますよね。

一方で、日本が北に制裁を科し続けると何が起こるかというと、端的に言えば北朝鮮の中国依存が深まります。

中国と北朝鮮の関係は、ときどきギクシャクする時期もありますが、結局は中国が北朝鮮のスポンサーであって、パトロンのような関係というのは変わらない。

最近の動きを見ても、2019年6月に、習近平さんが中国国家主席としては14年ぶりとなる訪朝を敢行し、「深刻で複雑な国際情勢の中、中朝関係を発展させることが両国や地域の平和に寄与するとの認識で一致した」と朝鮮中央通信が伝えました。

金正恩委員長もこのとき、「中朝の不変の友情を世界に示す重要な機会だ」と述べています。

また、10月には中朝国交樹立70周年を迎えるにあたり、両首脳は互いに祝電を交わしています。

中国の新華社通信によると、習氏は「金正恩氏とはこれまで5回会談し、中朝関係を新たな段階にけん引できた。両国の長期的で健全な発展を推し進める」と言い、金正恩氏は「朝中の友誼（ゆうぎ）を強化・発展させ、朝鮮半島と世界の平和と安定を断固として維持していきたい」と言っています。

そのうえで、新華社は「両国の友好協力関係の全面的な復興を実現しよう」と両国民に呼びかけています。

中朝関係については、北朝鮮の6回目の核実験などを巡って悪化した時期もありましたが、2020年の今は蜜月といってもいい状態。「関係性は完全復活」と伝えているメディアさえあります。

両国の接近は、アメリカに対するけん制のカードにもなると同時に、日本の安全保障にとっても大きな懸念材料となります。

北朝鮮最大の強み

一方で、北朝鮮という国は、たとえ中国と仲良くしたり、経済的に頼りきったりする形になっても、外交や軍事面で中国に隷属されることは絶対にありません。これがこの国の最大の特徴であり、ある意味で強みなのです。

１９５３年の朝鮮戦争休戦後、過去も、70年近くたった今も、安全保障を中国に依存してきませんでした。

日本は戦後、安全保障では、悪く言えばアメリカにおんぶに抱っこで、俗にいう「安保ただ乗り」で経済を優先させて発展させてきました。米軍基地は日本全国にあります。

韓国も、軍事では駐留する米軍頼みというのが現実です。それどころか、実際に戦争が起きたときに軍隊の作戦を指揮する権限、すなわち戦時作戦統制権が、韓国軍にはないんです。国連軍や在韓米軍に握られている。自分たちでは兵隊を動かせません。

その統制権も、近いうちに韓国へ返還されるという話ですが、そういった独立国家とは思えないような状態が続いていたわけです。

しかし、北朝鮮に中国の軍事基地もなければ、人民解放軍も駐屯していない。ロシアや中国の核の傘の下にも入らずに、むしろ自分たちで作ってしまった。これは非常に大きなポイントです。

中国は日本海を共有していない

日本は確かに北朝鮮に手を焼いていますが、助かっていることがあるとしたら、それは北朝鮮が中国に基地を貸したり、日本海に面した北朝鮮の軍港を中国の海軍に使用させたりしていないということなのです。

仲がいいようでしっかり距離を置いているのです。

仮に中国が日本海側から日本を軍事的に牽制しようとしたら、北朝鮮の東海岸に面した港、すなわち羅先や元山、清津は、軍港として重要な拠点となる可能性があります。

実際、かなり前の話ですが、2011年8月、これは金正日総書記が急死する4カ月前、中国海軍所属の練習艦「鄭和」と、ミサイル護衛艦「洛陽」などからなる訓練艦隊が、中国の大連港から北朝鮮の元山港に入港したことがありました。

もっとも、これは軍事演習ということではなくて、「中朝友好相互援助条約」が締結されてから50周年目に、中国の訓練艦隊が北朝鮮を訪問したという記念行事だったのですが、北朝鮮への中国艦隊の寄港は15年ぶりということで、大きな注目を集めました。

実際、中国艦隊の指揮官の一人は、「中朝の軍事関係を強化するための重要な外交行動である」とはっきり発言しています。

また、元山で開かれた歓迎会では、「両海軍の親善関係を発展させ、東北アジアの平和と安定に寄与する」とも語ったといいます。

地図を見れば一目瞭然ですが、北朝鮮の東側、先ほど名前をあげた羅先、清津、元山の3港は、日本列島のどてっ腹を望む位置にあります。

もし、中国海軍が潜水艦基地としてここを使うような事態になれば大変です。日本にとっては軍事的な脅威。尖閣諸島の危機はいっそう高まることになります。

現状は日本は北朝鮮と日本海を共有していますが、中国は日本海に出られません。

しかし、日本が北朝鮮をいつまでも追い込んで、北朝鮮が自国の港を中国へ貸してあげるような状況を作れば、結果として中国は日本海を自由に使えるようになり、日本が危険にさらされます。

小泉さんが訪朝したときに、「北東アジア地域の安定と平和を維持、強化する」ことに合意したというのは、そういう重い意味があるわけです。

言い換えれば、南北が統一して日本と良好な関係を築けば、こうした中国による軍事的脅威を抑えることができるということなわけです。

統一は日本と戦う理由がないことを意味する

私は不思議に思うのですが、日本の保守派の政治家や、朝鮮半島問題の専門家、評論家の人たちは、「朝鮮半島の統一」と聞くと「やばいことだ」と言うんですよ。日本にとってよくないことなんだと。

その最大の理由が、安全保障の問題。現状は中国やロシアとの間に朝鮮半島が緩衝エリアとなっているけど、これが統一してしまうと、安全保障上の防衛ラインが一気に南下してくる。こういう発想です。

それによって軍事的な負担が増えるんだと言う。でも、私に言わせればそれは冷戦時代の発想なんです。そんな時代ではない。先ほどから述べているように、むしろ中国からの脅威を払しょくすることにつながるはずなのです。

そもそも、南北が統一されるには、米朝の関係が改善されるということが一つの前提となります。米朝関係改善なくして南北統一はないわけですから。

そうすると、統一した頃にはアメリカと北朝鮮は、安全保障上は良好な関係になっているということ。友好条約を結んでいるのか、平和条約を結んでいるのかわかりませんが、少なくとも米朝は戦争をしない、すなわちアメリカと統一朝鮮は戦争をしない。そういう関係性になっているということです。

北朝鮮が米国・韓国と戦わないということになると、日本と戦う理由もないんです。まず、日本と北朝鮮とは国境紛争も資源紛争も存在しない。日本と北朝鮮との間には、戦争勃発につながる火種というのはないのです。これは非常に重要なポイントです。

米朝が核・ミサイル問題で和解し、南北が統一して朝鮮半島の軍事的緊張がなくなれば、日本を巻き込む交戦の可能性はなくなります。

米朝関係が改善され、南北が和解・統一すれば、それが日本の安全保障にも寄与するということなのです。

北朝鮮には「慰安婦像」がひとつもない

そうなってくると、日本にとっての主たる敵国というのは、はっきり言ってしまうと中国なわけです。北朝鮮ではないし、韓国でもないし、ましてや統一後の「ワン・コリア」でもない。

それどころか、アメリカと北朝鮮が国交正常化をやれば、今は反米国家のシンボルみたいになっている北朝鮮が、ベトナムのように親米国家になる可能性があります。

ベトナムと朝鮮半島は、どちらも冷戦期に2つに分断されて、北と南、共産主義政権と親米政権が成立した。同じ民族同士で戦争したりと、非常に共通している。

ベトナムは、北が南を制圧して、社会主義共和国として北朝鮮と仲良くしてきましたけど、ドイモイ政権のときに全方位外交をして、韓国やアメリカとも関係を改善しました。

今やたくさんの学生がアメリカへ留学していますし、ベトナムの人は皆、けっこう英語がうまいです。

北朝鮮が親米に転がるなんていうと、「そんなことあるわけない」という人が多いんですが、ありえるんです。なぜなら独裁国家だから。

独裁国家というのは、トップが右向けといったら、一夜にして方針を変えることができる。毛沢東政権の中国がそうであったようにです。

これは後でも触れますが、実は日本もそのことをしっかり認識しておいたほうがいいのです。今は反日の権化みたいな国ですが、もともと金ファミリーは日本のことが好きです。寿司も大好きだし、日本の映画もよく見ている。

それに、北朝鮮にはいわゆる慰安婦像が一つもありません。本質的には日本の文化に愛着を持っています。やり方によっては北朝鮮も知日・親日国家になる可能性は十分にあります。

話を戻しますが、南北が統一するということは、すなわち米朝間がいい関係性であるということ。北朝鮮が親米で、韓国も親米、日本も親米なら、北朝鮮が日本と戦う理由がない。統一後の朝鮮半島は日本にとっての軍事的脅威ではないということです。

したがって、防衛ラインが下がってくるという心配もいらない、心配するなら領土問題を抱える中国に対してである、こういう話になるわけです。

このままでは日本が蚊帳の外になる

ただ、「脅威」というと少し語弊がありますが、次のような「懸念」は想定できるかもしれません。

現状、東アジアの安全保障は「日米韓」の関係性が軸となっています。経済面でのつながりも密接です。

南北が統一する場合、「南」と「北」は最初から一気に一つの国に融合することはなく、おそらく北が主張する「連邦」という形で、段階を踏んだ統一へ進むと思われるので、統一後は「一国二体制」で「南北米」という、新しい三角構図が誕生します。

そのとき、日本が東アジア情勢の中で、取り残される可能性も否定できないということです。厳しい言葉で言うと「蚊帳の外」ということ。

というのも、統一後に日本がイニシアチブを握るためには、統一の運動そのものに外交的な存在感を見せつけていく必要があるわけですが、実際は難しい。

南と北が自分たち自身で決めるべき民族問題で、日本は関与のしようがない。あえて関与できるとするなら、仲介役のアメリカや中国くらい。もしくはロシアでしょう。

日本とすれば、賛成も反対もしようがなく、傍観するほかないのです。となると、「南北米」という構図ができたとき、アメリカが日本に冷たくなることはないでしょうが、「南」と「北」はおそらく日本のほうに顔が向かないこともありえます。

少なくとも、韓国は「日米韓」より「南北米」のほうに軸足を移す。これはもうあきらかなんです。

何が言いたいかというと、日本はそういうことまでを想定し、朝鮮半島情勢への対応を今から考えなくてはならないということです。

たとえば、統一後の仮想敵国は中国だと先ほど述べましたが、中国以外でいえば大国ロシアも警戒すべき対象です。

日本から見て、朝鮮半島の向こう側に、これらの強大な膨張主義的な大国が横たわっている。

仮に「南北米」に「日」が加わり、軍事的な連携を図ることができれば、核を保有する統一朝鮮と協力し、中ロに対峙する構図も考えられます。

むしろ、北朝鮮が親米国になれば、必然的にそういった形にならざるをえません。日本はアメリカという核の傘にくわえて、統一朝鮮の軍事力も利用できることになる。

もちろん、アメリカが北朝鮮の核保有を容認して関係を結び、その形で南北統一へ進むかどうか、それはわかりません。

現実的にそうなるかは別にして、あらゆる可能性を考え、それくらいの大胆な展望を持った外交をしていく必要があるということです。

北朝鮮にとって安心できる国こそ日本

実際、地政学的に見た場合でも、統一後の朝鮮と日本が友好関係を結ぶことは、中国の覇権主義への最大級の牽制になります。

というのも、先ほどから述べているように、北朝鮮というのは、中国と適度な距離を置きたいと考えている国なのです。

「蜜月」のように見えるとは思いますが、現在の北朝鮮の台所事情でそうなっているだけで、中国に対しては常に警戒心をもっています。これは、金日成、金正日体制のときから一貫しています。

中国依存が大きすぎると、いつかは従属・隷属されかねない。そういった警戒心、危惧を抱いているからです。

頼りにはしているし、利用はさせてもらうけども、信用はしていない。だから軍事条約も結ばないし、人民解放軍の基地を国内に置かせないのです。

一方、韓国に対しては、GDPが40倍から50倍の差がある韓国と経済面で協力を深めていくと、吸収されてしまう危惧を抱いているはずです。東ドイツが西ドイツに吸収され、国家として消滅してしまったように。ありえる話です。

アメリカと組んでしまうと、資本主義、自由主義に一気に押し流されてしまう可能性があります。現体制を維持したい北朝鮮としては、アメリカべったりというわけにはいかないでしょう。

となると、安心できるのはどこかということ。実は日本なんです。

日本はよくも悪くも〝人のいい〟国で、外交的にもわりと誠実で、余計な内政干渉をしてきません。

「拉致問題をなんとかしろ」とは思っていますが、かといって自衛隊を使って武力で攻撃することもできませんし、北朝鮮を従属させてやろうとも考えていない。北朝鮮にとって日本こそがパートナーとして望ましい国なのです。

北朝鮮が日本との外交を回復すれば、豊富な地下資源の開発を、日本の潤沢な資金と高い技術で推し進めることが可能になります。

北朝鮮とすれば、日本の経済力、技術力をもってして経済を立て直したい。これは日本にとっても大きな利益を生むのです。

わたしは講演などでもよく言っているのですが、日本にとって北朝鮮は将棋の「歩」のような存在かもしれませんが、日本と手を組めば、「歩」は「と金」となって力を発揮します。

そのためには南北が連邦でも連合でもいいので将来統一し、統一国家と日本が互いに中長期的な展望に立ち、実利を得るための合理的な外交を行う必要があるということなんです。

日本にとっての経済的メリット

日本が北朝鮮と協調的な関係を構築することが日本の国益に資する、そう小泉総理

（当時）が発言したことについてはすでに述べました。

実際、経済的な側面から合理性はあるのです。理由は何度も言っていますが、北朝鮮が資源国家だからです。

韓国統計庁の発表（２０１０年12月）では、北朝鮮には５００兆〜６００兆円相当の地下資源が埋蔵されていて、レアアースも豊富に眠っていると関係機関は見ています。たとえば、北朝鮮には50億トン規模の鉄鉱石が埋まっているとみられますが、この鉄鉱石を今、日本の製鉄会社は、地球の裏側のオーストラリアやブラジルなどから輸入しています。

南北が統一して貿易がはじまれば、お隣の朝鮮半島からの輸入に軸足をうつすことができ、輸送コストは大幅に圧縮できます。

石炭についても同様で、日本の石炭消費量は1億７０００万トン前後ですが、国内生産量は１４０万トン程度しかなく、実は世界最大の石炭輸入国が日本。輸入先は70％以上をオーストラリアに頼っています。

資源の調達先というのは、リスク回避のために多様化していかないと、その国に何かあったら入ってこなくなります。隣の国から安定して入ってくるようになれば大きなメリットです。

そういう意味では、レアアースも中国への依存度が高く、かつて中国から禁輸措置をくらったこともありました。

もっとも、このときは日本企業と経産省が冷静に動き、オーストラリアのレアアースメーカーに出資をしたり、アメリカやＥＵと組んでＷＴＯに提訴し、中国の規制が協定違反という判決を引き出したりと、結果は日本が巻き返しました。

とはいえ、北朝鮮と友好関係を築ければ、中国以外の国からのレアアースの安定供給が期待できますし、レアアースを外交カードにしたい中国に対抗することもできます。

北朝鮮の資源はすでに買い叩かれている

そもそも、中国のレアアース埋蔵量はだいぶ減少していると囁かれていて、北朝鮮に手を伸ばしているのはそういう事情もあります。

そこで、日本が朝鮮半島の統一を視野に北朝鮮に積極的に投資し、これら地下資源の開発権を手に入れて、莫大な利益をあげていくことも可能なはずなんです。なぜそれができないのかということ。そこを日本はもっと考えるべきです。

５００兆～６００兆円の宝の山を、日本企業が開発、加工、輸出をすれば、ざっと見積もっても利益は倍の１０００兆～１２００兆円。震災の復興費用も、新型コロナウイルスの経済対策予算も、あっという間に稼ぐことができるはずです。

ところが現状ではどうでしょう。中国が先に北朝鮮へどんどん進出し、片っ端から権利を安く買いたたいています。

たとえば、咸鏡北道の茂山鉱山には22億～25億トンの鉄鋼が埋蔵されていると言われていますが、中国吉林省の鉄鋼企業・通化鉄鋼グループが、北朝鮮から８億６０００万ドルで50年間の独占採掘権を入手したと伝えられています。

これがどれだけ安い買い物かというと、仮に年間１０００万トンを開発・生産した場合、１トンあたり１００ドルとしても、単純計算で年間10億ドル、50年なら５００億ドルです。８億６０００万ドルで買えたなら、中国企業にとってはタダのようなものでしょう。

レアアースについても同じです。中国は北朝鮮とレアアース開発に関する資源開発協定を、とうの昔の2012年に締結。交換条件は、中国からの肥料やトウモロコシの支援だったと言われています。

それもこれも、日本をはじめとする国際社会が、北朝鮮を孤立させ、経済制裁を加えてきた結果です。

先ほど、北朝鮮にとって日本こそが望ましい国であると述べました。北朝鮮とすれば、本来であればお金と技術を日本に提供してもらいながら経済を立て直したい。

そして、中国とは一定の距離を保ちたいし、従属もしたくない。それが北朝鮮の本音です。

日米が叩けば北朝鮮は困り、北朝鮮が困れば中国が喜ぶのです。日本の政治家や保守派の言論人が威勢のいい発言で悦に入っている間、中国は長期的な展望のもとで、しっかりと漁夫の利をあげている。このことを日本人はもっと知るべきなのです。

北朝鮮領海の水産資源

地下資源だけでなく、水産資源でも日本にメリットが期待できます。というのも、日本海の北朝鮮領海といえば、かつては日本が自由に操業できていました。

しかし、日朝漁業協定に基づき、日本の漁船が入漁料を払って操業する形となってしまい、今やそれすらも破棄されて、日本は海域に入りこめない状態になっています。

一方、中国はここでもしたたかです。北朝鮮との間で中朝漁業協定を結び、今や北朝鮮の領海は完全なる中国の漁船の縄張りと化し、逆に日本の漁場は近海で操業できなくなった北朝鮮の漁船に荒らされてしまいました。

国連貿易開発会議が2019年12月に発表した、北朝鮮に対する海外からの直接投資の総額（2018年ベース）は、経済制裁もあってだいぶ減っていますが、それでも5200万ドル。国別の内訳は公開されていないものの、大半が中国によるものとみて間違いないでしょう。

資源のない日本ですが、資源大国の友好国が隣に誕生すればこれは大変なメリットです。平壌宣言では、日本が北朝鮮と国交正常化をしたあかつきに、日本からは無償資金協力と、低金利の長期借款供与などの経済協力が約束されています。

これについて、「なぜ日本が北朝鮮に金を払うんだ」と文句を言う人が、日本国内にたくさんいることが、わたしには不思議でしかたありません。むしろ大チャンスではないですか。

仮に1兆円をここで使ったとしても、中長期的にはその倍から10倍、あるいはそれ以上の莫大なリターンが期待できる。現に中国は日本が手を出せないのをいいことに、とっくの昔からそれを実行して結果を出しています。

はたして、日本はこのままでいいのかという話なのです。

対モンゴル関係における北朝鮮の存在

地政学的なことでもう一つ言えば、モンゴルとの関係も注目点です。

モンゴルが地下資源大国であることはすでに述べましたが、この国と日本が資源外交を潤滑に進めるうえで、北朝鮮との関係が重要になってきます。

というのも、モンゴルと北朝鮮との間には国交があり、長年友好関係にある。両国に共通しているのは、どちらも石炭やレアアースなど鉱物資源が豊富であること、にもかかわらずGDPが低い、すなわち貧困であること、そしてどちらも中国と国境を接していて、その中国に資源市場を牛耳られていることです。

わかりやすくいうと、せっかく豊富に眠っている地下資源の多くを、中国に安く買いたたかれて供給させられているということです。

これが先ほどから言っている、中国への経済的従属であり、隷属であること。これを回避するには、北朝鮮もモンゴルも貿易をもっと多角化し、資源供給先を多様化する必要があるわけです。

つまり、「脱中国」と「貿易の多元化」という点において、両国の利害関係は一致している。その多元化の相手というのが、すなわち日本ということです。

3章の中で、モンゴルが中国やロシアへの依存から抜け出すために、日本との貿易にシフトチェンジを図っていると述べましたが、まさにこのことなのですモンゴルは北朝鮮と海上運輸協定を結び、これにより日本海へ出られるようになりました。モンゴルには海が無いですから。

そのうえで、モンゴルのエルベグドルジ大統領は２０１４年7月に、平壌を訪問し、日本海に面した羅津港を使わせてくれないかと頼んでいるんです。

2億人規模の市場が日本の眼前に

羅先港の重要性については3章の中で述べたとおりです。中国とロシアと日本海、これを結ぶと三角地帯ができますが、その日本海に面した羅先市を、北朝鮮は経済開発特区に指定しています。

この重要な港を、国際中継貨物拠点、輸出加工、保税物流など国際交易基地とする構想を抱いているわけです。

その拠点となる羅先港、３つの埠頭があるといいましたが、そこをモンゴルが使用することができれば、日本とモンゴルの貿易は拡大します。

先ほど、日本が石炭輸入の7割をオーストラリアに依存していると述べましたが、モンゴルの石炭はオーストラリアより良質といわれていて、なおかつモンゴルの輸出総額の3分の1は石炭です。

羅先港からモンゴルの石炭、そして朝鮮半島からの石炭（つまり北朝鮮産の石炭）が安定して入ってくれれば、日本にしたら資源調達先の多様化も図れることになりますし、モンゴル経済も半島経済も、ウィン・ウィンで潤うことになります。

こうなると、中国の東北3省（吉林省、黒龍江省、遼寧省）やロシアまで含めて考えてみた場合、ロシアの天然資源、中国と北朝鮮の安価な労働力、日本と韓国の技術および資本、これらを相互に補完することで、北東アジア一帯に強大な経済圏が誕生することになります。

人口で言っても、南北が統一すれば8000万人、東北3省が1億人（吉林省2700万、黒龍江省3800万、遼寧省4200万人）ですから、2億人規模の市場が日本の眼前に広がる形です。

さらにロシア極東のサハリン、ハバロフスク地方およびアムール州と沿海地方、加えて北京、天津、山東省まで含めれば、およそ6億人。アメリカの人口が約3億人ですから、その2倍の規模になります。

南北が統一して経済基盤を確固たるものとし、日本と連係を図っていけば、地政学上の観点からいってもEUに劣らぬ莫大なメリットが期待できるということなのです。

第5章　日本が今から取り組むべきこと

違法操業をやめさせる最善の道

今の北朝鮮は、確かに日本にとって大変厄介な存在です。ミサイル問題もそうですし、拉致問題もそう。より身近なところでは、違法操業も深刻な問題。木造船で特攻隊のように日本の領海へ入って乱獲してきます。

日本の排他的経済水域（ＥＥＺ）にある「大和堆（やまとたい）」という、非常にいい漁場があり、海上保安庁が違法操業を理由に退去警告を出した外国漁船の数は、２０１９年だけで１３２０隻。このうち１３０８隻が北朝鮮です。

警告してすぐ退散するならまだしも、警告を無視して違法操業を続けた漁船が２５２隻もあり、これらは海保の巡視船が放水して退去させています。

そのせいもあってか、２０１９年の日本のイカの水揚げは前年比で8割も減少。資源量そのものが減少している可能性もありますが、違法な乱獲がまったく影響していないということはないでしょう。

このままだと廃業するしかないと言っている漁師さんも大勢います。

ただ、原因を考えてみると、北朝鮮は今、金もない、食い物もないといった状態で、なぜかというと、国際社会から経済政策をくらっているからです。アメリカも日本も独自の制裁をしています。

となると、北朝鮮だって生きていかないとならない。国民2500万人を食わせるには、言葉は悪いですが、空き巣でもやるしかない。つまり、日本は北朝鮮を制裁して、そのツケを自分で払っているという構図なんです。

では、どうすればなくなるかというと、非常に簡単な話で、北朝鮮が食べていけるように、空き巣に入らなくてもいいようにするということ。

結論から言ってしまうと、核・ミサイル問題を解決して、拉致問題を解決して、北朝鮮をまっとうな国にするというのが、日本にとっても、いわば最良の道だということです。

ところが、今もって「もっと制裁を、もっと圧力を」と言う人がたくさんいるのが現実です。制裁をかけて圧力をかけるほど、空き巣はもっと増えるわけです。

日本の国益、すなわち日本の安全と平和と繁栄のために、韓国や北朝鮮とどう向き合うべきか、日本政府は考え方を見直す時期に来ているのではないでしょうか。

今までの固定した発想のままでは駄目なんだと、実はこういう未来があるのだと、こういう打開策があるんだと。既成概念を一度取り払って、考えてみたらどうですかということなんです。

企業トップが懸念する日本の行く末

発想の転換という意味で、それを日本人で言っているのが、ユニクロの柳井正会長であり、ソフトバンクの孫正義会長兼社長です。

どちらもグローバル企業の象徴のような存在ですが、その二人が同じことを言っています。発想を転換しろ、このままでは日本はダメですよと。

柳井さんは日本のメディアのインタビューで、「日本が韓国を敵対視しているのは異常で、日本が韓国に反感を持つようになったのは、日本人が劣化した証拠だ」というようなことを言っています。

日本人というのは、本来は冷静な国民だったのに、今は皆がヒステリー状態になっているいると。

そのうえで、このままでは日本は滅びる、大々的な改革が必要だというんですね。この30年で世界は成長したけど、日本はほとんどできず、先進国から中ランクの国になりつつあって、このままだと開発途上国に転落しかねないとまで言っている。

また、孫さんも、「このままでは日本は忘れられた島国になる」と言っています。日本は80年代から90年代ぐらいまでは電子立国と言われていて、世界を技術で引っ張っていましたが、もうその勢いはまったくなく、完全に影が薄れ、「技術の日本」というのは消えてなくなってしまったと。

中国もかつては日本のまねをしていたけど、今は技術面で世界のトップに君臨し、日本なんかとっくに追い抜いていってしまっている、半導体も日本はトップだったけど、今はもう完全に中国だと。

特にこの30年間、日本はゼロ成長で、このままだと世界に置いてけぼりになる、それもこれも、小さな村の小さな平和だけ考えているからだと言っています。

わたしもその考えには賛成で、特にこの、「小さな村の小さな平和だけ考えている」と孫さんが言っているのは、朝鮮半島問題における日本の姿を象徴している言葉だと思います。

拉致問題が前提条件でいいのか

たとえば拉致問題です。これ一つとっても、発想を転換して北朝鮮と真剣に向き合わなくてはならないのです。

今、日本政府が拉致被害者として認定しているのは17名です。この17名の命、確かに重い。それは私も当然そう思っています。

けれども、誤解を恐れずに言うと、1億2000万の国民の生命と安全と財産、こちらのほうも忘れてはならないということです。

こんなことを言うと、ものすごく批判されると思います。17人と1億2000万、これを一度に天秤にかけてみたらどうでしょうか。でも、答えはあきらかです。政府は日本国民の生命を守らないとならないし、国民の幸せを実現しないとならないのですから。

そう考えると、日本政府は基本的には国交正常化を入り口にして、いわば国交正常化をダシにして、ここを入り口にして交渉に入り、そして出口の段階で拉致問題を解決するという、そういう流れが必要です。

ところが実際は、日本は拉致問題を前提条件に出して、その結果としての日朝協議となっているでしょう。入り口と出口が逆。これがそもそもの間違いなんです。

したがって、入り口の段階では国交正常化という大局的なところで交渉に入っていって、その中で拉致問題、ミサイルの問題、核の問題、その他もろもろの問題、先ほど言った漁業の問題も然り。そうやって最終的に問題を解決していく。こうあるべきなんです。大事なのは大局を見失ってはならないということ。

北朝鮮と首脳会談をした小泉（純一郎元総理）さんも同じような考えを持っていました。彼は当時、元副総理の山崎拓に「このやり方しかない」とはっきり言っています。

私はそれが正しかったと思っています。

実際、今のアメリカのやり方を見ても、まさにそうだと思います。北朝鮮との国交正常化、すなわち、北との新たな関係を築き、まずは朝鮮半島に平和的な関係を構築し、同時に核問題も決着をつけるという。それで、強硬派のボルトンさんが首を切られてしまったということです。

ですから、日本も拉致問題だけ前面に出していてはいけないのです。実は安倍総理もそれはわかっている。わかっているから、最近はちょっとトーンを下げていますよね。「無条件で」と、「条件はつけない」と言っている。

そもそも、日本の政府は国民に対して説明が不足しています。

「拉致問題を解決して過去を清算し、そのうえで国交正常化をしよう」というのが原則になっていますが、ほとんどの日本国民は、「あの国と国交正常化して何のメリットがあるんだ」と思っているはずです。何の得があるんだと。

何も得はしないけど、拉致された家族が帰ってくるならしかたないくらいの感じではないでしょうか。

それを日本政府は言わない。もしかしたら、政治家も必要性がわかっていないのかもしれない。だから、私はそれをこの本で訴えたいんです。

ここまでいろいろ言いたいことだけを言ってきましたが、朝鮮半島で南北が統一し、そこと日本がタイアップしていくことで、はかり知れないメリットが、日本の未来を大きく底上げする要素がたくさんあるということ。それを多くの日本人に知ってほしいのです。

ロシアもすでに動いている

ソフトバンクの孫さんが「日本は小さな村の小さな平和だけ考えている」と言っているわけですが、たとえばロシアとの関係を見てもそう感じます。

ロシアは、いわゆる北方領土をめぐって、一貫して日本に冷たい態度をとっていますけど、一方で北朝鮮、韓国との間では、極東開発プロジェクトを活性化させようと積極的に動いている。

パイプラインを引いて、サハリンで採れる天然ガスを、北朝鮮を経由して韓国へ届ける一大プロジェクトです。

経由地となる北朝鮮にもエネルギー面でのメリットが生まれますし、韓国としても天然ガスがあれば脱原発も進められ、整備事業で雇用も生まれます。

両国の間では、ロシアと朝鮮半島を結ぶ道路と鉄道網の整備も合わせて計画されています。

これはもともと、ロシアのガスプロム社と韓国ガス公社との間で、２０１１年から交渉がはじまっていたのですが、朝鮮半島情勢が緊迫化して中断されていたのです。

ところが、２０１７年に韓国の保守政権が倒れて、北に融和的な文政権が誕生したことで、韓国側からの呼びかけに対し、ロシアが一気に動き出したわけです。

ロシアにとって経済面でメリットがあるだけでなく、今後の朝鮮半島におけるロシアの影響力を拡大することにもつながります。

実際、ロシアは中国との間で２０１７年、朝鮮半島問題の解決に向けた「行動計画」というのを作っていましたが、19年になってあらためて新計画を策定し、すでに北朝鮮やアメリカ、韓国に伝えてあります。

内容は、政治や経済、軍事などの分野で米朝や韓国が取るべき措置が盛り込まれたもので、最終的には軍事活動の凍結、政治対話、経済関係の再開が日標です。ここでも日本が絡めていないことは残念な事実です。

ロシアとすれば、米朝の間で交渉が膠着し、トランプ大統領が東アジアへの興味が薄れている隙をついて、朝鮮半島での存在感を示すのが狙いでしょう。

また、韓国にとっては、パイプラインのコースをどこに通すかで、日本への新たなカードが生まれます。

というのも、コース案は現状、陸路で北朝鮮を通過させるか、ウラジオストクから日本海の海底を通過させるか、あるいは日本を縦断して福岡から釜山につなげるといった案が検討されています。

どういうコースになるかわかりませんが、場合によっては日本が韓国に「うちもパイプを接続させてください」とお願いする構図にもなりうるわけです。

韓国が「陸の孤島」から脱却するとき

どこの国も大局を見据えて、国益を考えた大胆なプロジェクトを推し進めているということ。日本もロシアとの間で「極東・シベリア地域開発計画」で合意していて、本来なら日系企業にとって、極東はまさに最後のフロンティアであるはずです。

なのに、多くの日本人は「ロシアに騙されるな」「金をとられるだけだ」と目先のことしかいいません。

やる、やらないは日本の自由です。でも、中国や韓国にしてみれば、「日本が入ってこないのだったら、うちが入りますよ」という話なんです。

だから、グローバルな視点を持つ経営者、柳井さんや孫さんにしたら、そういう発想がまさに、「日本は世界における陸の孤島だよ」と言っているわけです。

一方で、「陸の孤島」という意味では、地政学的にいえば今の韓国がそうなんです。東側は海ですし、国境を接している北朝鮮とはまったく交流ができていない。

ところが、これがもし統一して、南北が鉄道と道路で結ばれたとしたら、韓国は陸路を通じて、中国やロシア、EU諸国など、ユーラシア大陸と直接つながり、「陸の孤島」から脱却できることになります。

韓国が大陸とつながった場合、統一後の朝鮮半島の経済に及ぼす影響は、それこそはかり知れないものがあるでしょう。

中国の東北3省（遼寧省・吉林省・黒竜江省）、ロシア、モンゴルまでを含む地域が、人口1億2000万人の巨大な消費市場であること、そして文大統領が「朝鮮半島新経済地図」の中で、その構想を描いていることはすでに述べたとおりです。

かつて策定されていた日韓トンネル

こうした中、わたしが今、日本側が積極的に動いて進めるべき事業と考えているのが、日本列島と朝鮮半島を海底トンネルでつなげることです。

青森と北海道を青函トンネルで結んだように、福岡と釜山の間にトンネルを通すのです。

この話をすると、日本の保守層の人たちは例外なく「日本と韓国がつながるなんてとんでもない！」と怒り出します。中には「日本は韓国と断交すべし」などと主張する人もいますので、そういう方からみればトンネルなんてとんでもない話なのかもしれません。

しかし、両国がトンネルで結ばれれば、人の往来だけでなく、物流の移動は間違いなく増えますし、経済的な波及効果は底知れないほど大きい。

もちろん、それが東アジアの平和と安定につながることは言うまでもありません。イデオロギーだけでものごとを見ようとすると、必ず真実を見誤ります。少し冷静になり、諸外国の取り組みも勘案しながら、日本も何が国益になるのかを大局的に考えてみる必要があります。

実際、海底トンネルについては、日本自身が幾度となく模索してきたという歴史があります。

古い話でいうと、戦前の１９３５（昭和10）年、当時の国鉄が「日欧鉄道構想」を策定し、九州から朝鮮、奉天、北京、パミール高原、イスタンブールまでを結び、そこからオリエント急行に接続するという構想をぶちあげました。

しかも、その6年後には壱岐と対馬で探索を開始し、佐賀県唐津の呼子でボーリング工事にとりかかっています。

ところがその後、戦争が激化し、日本が敗戦したことで、この壮大な計画は残念ながらとん挫してしまいます。

長さは青函トンネルの3倍

その後、大手ゼネコンの大林組が1980年、東京とロンドンを、ユーラシア大陸を横断して結ぶ「ユーラシア・ドライブウェイ建設構想」を発表したこともありました。

構想によると、東松浦半島から壱岐までは、点在する島づたいに吊り橋と斜張橋を架け、壱岐から対馬までは、青函トンネルと同じように海底トンネルを掘削、対馬島内は地上を縦断します。

対馬から釜山までの海峡は、水深が200m以上もあり、断層があるうえに地盤も軟弱なため、海底に支持架を建設し、海中にトンネルを吊るす方式で結ぶというものでした。

技術的には可能とみられていましたが、諸般の事情で計画は実現していません。

これ以外にも、「日韓トンネル協会」というNPO組織が80年代から研究を続けており、英仏海峡トンネルとも比較しながら、経済や政治への効果・影響などを分析しています。

同協会は「東アジアの巨大市場における地域的経済連携の進展に伴い、日韓トンネルの重要性は増した」(公式HPより)としています。

政治レベルでは、森喜郎総理と金大中大統領(ともに当時)の時代に話し合われたこともあります。

金大統領は2000年9月に訪日した際に、晩餐会の席で「日韓トンネルを将来の夢として実現させたい」とうちあけました。森総理も、翌10月にソウルで開かれたASEAN欧州首脳会談での日韓首脳会談の場で、この海底トンネルについて重要であると語っています。

その後、韓国では交通建設部が2002年から研究会を立ち上げて、トンネル建設の技術調査や、経済効果などの検証がはじまりました。

具体的には、九州の佐賀と釜山までの全長230kmを結ぶもので、最大水深は155m、総工費は10兆円以上と見積もられています。

長さだけで言えば青函トンネルの3倍。ちなみに青函トンネルは完成までに28年かかりました。

これが実現すれば、福岡からソウルまで(650km)、自動車で6時間30分、新幹線で2時間30分、リニアモーターカーなら1時間で着きます。

日本からアムステルダムまでつながる

これに合わせ、「朝鮮半島新経済地図構想」でも触れたように、朝鮮半島を南北に縦断する京義線(ソウル~新義州)と、京元線(ソウル~元山)が開通すれば、大陸へ向けて4つのルートが開かれることになります。

すなわち、京義線は釜山からソウル、北朝鮮の開城、新義州、中国の丹東までを結び、中国大陸横断鉄道とシベリア横断鉄道につながります。

また、中国の丹東から北京を通り、モンゴルを抜けてシベリア横断鉄道につながるルートもあります。

一方、京元線は釜山からソウル、北朝鮮の元山、羅津、ロシアのハサンを通過して、中国大陸横断鉄道につながる路線と、韓国のソウル、新端里、北朝鮮の清津、会寧、南陽、中国の図們を結ぶ路線があります。

図們からモスクワまでは距離にして7721km、モスクワからオランダのロッテルダムまでは2533kmです。

つまり、日韓がトンネルで結ばれた場合、そのトンネルの西側の終着駅というのが、アムステルダムとか、ドイツのハンブルグになるということ。そうなったら日本はもう〝島国〟ではなくなります。

韓国はといえば、東の終着駅が北海道の稚内ですから、それほどの広がりは生まれません。日本と韓国、どちらが得かおわかりでしょう。圧倒的に日本のほうがメリットは大きいのです。

イラン以上の石油がすぐそばに

では、どのくらいの規模の物流が生まれるのか、貨物の量で見てみましょう。

まず、物流業界では、貨物の量をTEUという単位、すなわち20フィートのコンテナをいくつ運んだかで表します。10TEUなら20フィートコンテナ10個分の荷物の量ということです。

少し古いデータですが、2001年のシベリア横断鉄道の利用実績をみると、日本発着貨物が7545TEU、韓国発着貨物が1万7791TEU。これら日韓の貨物は、現状はロシアのボストチニ港まで海上輸送され、そこからシベリア鉄道で運ばれています。

もし京義線が南北を通るようになれば、これら貨物は直ちにシベリア横断鉄道に連結することができるようになります。

韓国からEU間のコンテナ物量は、だいたい80万～100万TEU、日本からEU間はおよそ150万TEUですので、京義線が貫通すれば、韓国からEU間の物量の20％程度、日本からEU間の物量の5％は京義線を通じ、シベリア横断鉄道で運ぶことになります。

南北間の鉄道の連結は、双方の関係が改善さえすれば、1～2年以内で実現する可能性があります。しかし、日本と北朝鮮との関係が今のような状態では、日本が得られる経済的なメリットは限定的です。

逆に言えば、日朝関係が改善し、あるいは統一後の朝鮮半島と日本がタイアップできれば、日本経済にとっても大きな利益となるわけです。そしてそれは、資源面でのメリットにもつながるのです。

というのも、2章でも述べたとおり、北朝鮮には世界8位の規模の石油が埋蔵されている可能性が指摘されていて、北朝鮮の南浦沖だけで430億バレル（約60億トン）が埋蔵されているとの分析も出ています。

ちなみに、イランの最大油田が260億バレル、アゼルバイジャン、カザフスタン、トルクメニスタンの3カ国を合わせて155億バレルですから、どれほど莫大な埋蔵量であることかおわかりでしょう。資源のない日本や韓国にとっては垂涎の的です。

とはいえ、北朝鮮にはこれを開発する技術やお金がありません。放っておけば中国が手を出すのはあきらかです。しかし、繰り返しになりますが、中国への過度な依存を危惧する北朝鮮は、本音では日本と組みたいわけです。金日成主席が金丸信自民党副総裁に、金正日総書記が小泉純一郎総理に国交を求めたことがそのことを証明しています。

仮に南北が統一して日本との新しい国交が生まれれば、日本の協力で石油が共同開発され、資源のない日本に多大な恩恵がもたらされることでしょう。

日本の観光産業が飛躍的に伸びる

海底トンネルの効果についてはもう一つ、日本の観光産業にとって大変なメリットがあるのです。

ご承知のとおり、安倍政権では観光産業を、GDP600兆円に向けた成長エンジンと位置付けています。そのうえで、2020年までに訪日外国人を4000万人にするとの目標を掲げました。

現実は、新型コロナウイルスの世界的なパンデミックもあり、難しい流れになってきたかもしれませんが、いい増え方をしていたのは事実です。

2011年頃は800万人そこそこで、韓国にも抜かれていましたが、それが今や3000万人を突破。これはすごい伸びです。しかし、もし海底トンネルができたら、もうそんな規模の話ではありません。早い話、北海道からアムステルダムまでが、陸路でつながってしまうということ。「鉄のシルクロード」ができるということです。

たとえば、イギリスの国土面積は日本のおよそ3分の2、人口は日本の半分です。このイギリスに、どれくらいの観光客が外国から来ているかというと、すでに2010年の段階で4500万人なんです。

フランスにいたっては、毎年8000万人以上が訪れていて、観光客数世界一の座を30年くらい保持し続けています。

もちろん、日本が観光地としていい国だということは、生まれ育った私自身がよく知っています。四季に恵まれて、風光明媚なところもたくさんあります。温泉もあるし、ご飯もおいしいし、治安もいい。

しかし、それだけで今後ずっと外客数が増え続けるか、リピーターが何十回も来るかといったら、やはり限界があるんです。

実際、外国の人が増えたといっても、国別で見たら中国、韓国、台湾で7割。欧米から来ている人というのは実はすごく少ない。フランスやイギリスなんて全体の1％くらい。この構図はずっと変わっていないんです。

「陸路」でつながることが重要

それはやっぱり、日本が島国だということが大きい。イギリスも島国じゃないかという人もいますが、フランスと海底トンネルでつながっていますし、事実上はユーラシア大陸の一部のようなもの。ロンドンからパリやブリュッセルまで、高速鉄道を使って2時間で着いてしまいます。

日本には世界に誇る新幹線もありますし、何よりリニアモーターカーという最高技術があるわけですから、それを海底トンネルに使うべきなのです。名古屋と品川の距離を結んでいてもしかたないでしょう。

なにしろ、ヨーロッパの人というのは鉄道の旅行が大好きです。美しい景色を車窓から眺めつつ、何日もかけて贅沢に旅行をする。そういう文化があります。日本にも『世界の車窓から』という長寿番組がありますが、ヨーロッパの鉄道旅行は世界中の人にとって大変に魅力的なのです。

つまりそういう夢のある旅を、外国の人、特に富裕層は大金を払ってでも日本でしてみたいのです。

トンネルの工事費用10兆円を、日韓が半分ずつ出すのか、あるいは日本が6兆、韓国が4兆円のようにするのかわかりませんが、決して無理な額ではないのです。仮に5兆円出したとして、10年、20年でどれくらいのリターンが期待できるか。

江戸時代になぜ、幕府が外国と貿易したかといったら、そのほうが国が繁栄するからなんです。それが船で行われ、やがて飛行機になった。言い換えれば、日本の貿易は海路と空路だけなんです。誰も陸路という発想がない。それが当然だと思って、思考停止している。

でも、実はトンネルを掘れば陸路も可能なのです。それによって大きな恩恵、大きな付加価値が生まれるということなんです。

日本とヨーロッパが陸路でつながる、島国であって島国ではない日本という新しい国の姿。これを20年後までに、30年後までに作るんだということになれば、日本という国の潜在力が高まり、国民の夢が大きく広がることになります。

日韓海底トンネルは、日本のためにも夢物語で終わらせてはいけない事業だと私は思っています。

日本と朝鮮は長い歴史を共有している

北海道からヨーロッパまでを一気通貫で結ぶ壮大なプロジェクトも、結局は北朝鮮との拉致問題などが片づかなければ、一歩も前へ進まないというのが現実です。

ですから、私は不思議なんです。なぜトップ同士が腹を割って話をしないのかと。もちろん、1回の会談ですべて解決するようなことはないでしょう。しかし、二度、三度と話をすれば、少しは変わってくるものです。あのトランプだって金委員長と3回も会っているではないですか。

こういうと必ず返ってくるのが、トップが会うにはまず事務レベルである程度擦り合わせて、あとはトップ同士がサインすればいい段階までもっていかないとダメなんだと。その事務レベルで決裂してしまうのだから、どうしようもないといっている。

外交の原理原則は確かにそうです。特に日本は民主主義国家なので、教科書どおりの段取り、原則にこだわりますが、なんといってもあちらは独裁国家。独裁国家の定義は積み上げ方式ではない。

トップの鶴の一声で、よくも悪くもすべてがひっくり返る可能性があるのです。事務方が積み上げたことなどすべて吹き飛んでしまう。実際、そういうことをあの国は何度もしています。「手のひら返し」は、北朝鮮外交のキーワードであり、ある意味で伝統なのです。

たとえば、2章でも触れましたが「在韓米軍は朝鮮半島から出て行け」と言っていながら、状況を見ながら突然「基地を容認する」と言ってみたりする。

クリントン政権のときも、金大中大統領に仲介を頼んで、「基地の駐留を容認するからアメリカとの仲介をしてくれ」と頼んだ。金大統領からそれを聞いたアメリカ側は、オルブライト国務長官を北朝鮮に派遣しました。

その晩餐会の席上で、金正日はオルブライトさんにこう耳打ちをします。「アメリカが平和協定を結んで国交正常化をしてくれるなら、反米を止めて親米になります」と。

さらに、ここがポイントで、「韓国よりも親米になります」と、こう付け加えたというのです。

この「韓国よりも〜」は金大統領には言っていなかったフレーズです。いわば隠し玉。そういう重要なことが、会ったときにアドリブで出てくる。そうなるともう、乱暴な言い方をしてしまうと、下交渉なんてあまり意味がないのです。

だから、安倍総理はとにかく会うべきなんです。そうでないと、この問題は100年経っても前へ進まないかもしれません。

なんだかんだ言っても、拉致問題で総理になれたと言っても過言ではないわけですから、安倍総理への期待は大きいものがある。わたしも個人的には、安倍さんの手でやってもらいたい。問題は安倍さんの本気度なんです。

「自分の任期中に必ず解決する」と言っていたけど、もう任期も残り一年です。解散総選挙をしたらもっと早く終わります。

そうなると現実にはもう難しい。もしかすると、もう退任するときに読み上げる声明文、すなわち「私にとって断腸の思いなのは、政権下での使命だった拉致問題。これを私の手で解決できなかったことが悔やまれてならない」などという言葉が、頭の中にすでに浮かんでやしないか。そんな気にすらなってしまうのです。

日本と朝鮮半島の歴史というと、どうしても36年間の植民地時代を連想しがちです。初代の韓国統監府が伊藤博文だったのはご承知のとおりです。

もっとさかのぼったとしても、豊臣秀吉の時代。文禄の役で、加藤清正が朝鮮に出兵して虎退治をしたという話は有名です。

したがって、韓国人が一番嫌いな日本人といえば伊藤博文で、2番目が豊臣秀吉、3

番目が加藤清正などと言われています。

しかし、日本と朝鮮の歴史というのは、もっともっと長いのです。朝鮮出兵といっても、文禄の役や慶長の役が1592年にはじまりましたが、江戸幕府に移行してから朝鮮朝廷は家康に特使を送り、二代目の秀忠のときには早くも和解をしている。これが1607年といわれています。

そう考えると、関係が悪化していた時期は15年くらい。朝鮮総督府のほうも36年です。何が言いたいかというと、徳川の300年は、日朝関係は非常に良好だったということ。そこをわたしは強調したいのです。

たとえば、90年代に韓国の大統領で盧泰愚《ノテウ》さんという方がいましたけど、彼の愛読書は、何を隠そう山岡荘八の『徳川家康』でした。実は、家康は秀吉と対照的に、韓国で非常に尊敬されている一人なのです。

日本人と韓国人は、関係が良好だった300年という歴史を共有している。36年どころではないのです。そのことを両国の国民は忘れないでいてほしいのです。

55年体制における社会党の役割

先ほど、安倍総理はとにかくトップ同士で会うべきだという話をしましたが、もう一つ言うと、日本はもっと八方美人な外交をやるべきだったと思っています。

どういうことかというと、日本の政局は一昔前、与党が自民党で野党第1党が日本社会党という体制がずっと続いていて、これが1955年からはじまったので「55年体制」などと言われましたが、朝鮮半島との関係でみたときに、この55年体制の時代に非常にいい点が一つありました。

それは、自民党は韓国と、社会党は北朝鮮と近い関係にあったということ。つまり、与党は韓国、野党は北朝鮮というように、国として両方のパイプが当時の日本にはあったんです。

たとえば、1983年に貨物船の第十八富士山丸が、北朝鮮にいわれなきスパイ容疑で拿捕されるという事件がありました。このとき、自民党にも外務省にも北朝鮮とのパイプがまったくなかったため、交渉ができませんでした。

当時、日本社会党のトップは土井たか子委員長でしたが、土井氏は87年に訪朝した際に金日成主席と会談し、乗組員の釈放を求めたのです。このとき、北朝鮮は「両国の政府間交渉に委ねる」と発言し、政府同士の対話の可能性が生まれました。

その後、金丸訪朝団などの動きもあり、1990年にようやく乗組員は帰国できました。一連の流れを振り返れば、発端は社会党が持っていた北朝鮮とのパイプだったのです。

別な言い方をすると、北朝鮮のガス抜きをやっていたのが当時の社会党でした。韓国と日本が接近すれば接近するほど、北朝鮮との関係が悪化したのですが、それをなだめていたのが社会党だったのです。与党と野党でうまいこと役割分担をし、朝鮮半島との外交をやっていたということです。

その形がなくなったのが、いわゆる拉致問題。それまで社会党は一貫して「拉致はでっちあげ」と北朝鮮の肩を持っていたので、一転北朝鮮が拉致を認めると世論の袋叩きに遭った。それで方針転換し、与党と一緒になって北朝鮮を非難しはじめました。

結果、せっかくのパイプが消えてしまい、今に至るまで復活していません。それどころか社会党自体が党名を社民党に改称し、政党要件を失う寸前まで党員を激減させ、今や風前の灯火という惨状です。

対北朝鮮という意味では、今は自民党も公明党も立憲民主党もその他の野党も、オール与党と言っていいでしょう。今の日本に北朝鮮とのパイプはありません。パイプがなければ交渉はできない。これは日本の外交にとって実に大きなマイナスなのです。

南海電鉄社長と金日成

北朝鮮が韓国と決定的に違うのは、トップの一声ですべてが決まるということです。国民感情もこれでコントロールできてしまう。人民に反日感情があるといったところで関係ないのです。将軍様が「明日から日本と仲良くするぞ」といえば、それに全国民が従うことになります。

実際、過去にもそういうことが起きています。たとえば、80年代の半ばに北朝鮮でちょっとした日本ブームが起きたことがありました。

南海ホークスのオーナーで、南海電鉄の社長だった川勝傳という人がいました。この方は日中財界の友好にも尽力した方なのですが、1985年に財界人として初めて平壌を訪問し、金日成主席と会っているのです。

そのとき、金日成は「よく来てくれました」と歓迎してくれたうえで、「国交がないために日本から機械を買えなくて大変不便をしている」と語ったというのです。たとえば、ある機械をドイツのシーメンス社から購入していて、性能はいいけど、ドイツ語がわかる技術者がいないので、すぐに動かせないという。ところが「日本の機械ならわたしでもわかる」と。金日成は植民地時代を経験しているから、日本語ができるわけです。

北朝鮮には今でも、日本の統治時代の設備がありますが、部品の交換やメンテナンスになると、やはり日本の協力なしでは難しいというのです。

金丸信氏の訪朝後に、金日成が「これからは日本語を勉強しろ」と声を発し、平壌の大学に日本語学科ができるなどして、わずかな期間ではありましたが、日本ブームが起きた。そういうことが、北朝鮮という国では現実に起こるのです。

だから、安倍総理が金正恩と何度か会って、胸襟を開いて、虚心坦懐に話し合い、心が通じれば、金正恩が手のひらを返すということはありえるのです。

金正日が好きな日本人歌手

そうなったとき、一番困るのは韓国です。北朝鮮が日本と仲良くなってしまったら、文在寅大統領も立場がありません。韓国だけ孤立してしまい、いつまでも日本と対立関係でいられなくなってきます。

前の章でも言いましたが、金一族はもともと日本の文化が大好きで、日本食に対しても強いこだわりがあり、たとえば寿司を握るのは日本人でないとダメだという思いがあります。

今、平壌では藤本健二という日本人が、日本料理店を経営しています。彼は金正日総書記の専属料理人をしていて、金正恩のことは幼少時代から知っている人物なのですが、一時的に日本に帰国していたものの、金正恩に呼び戻されました。

北朝鮮にだって寿司を握れる人はいるはずなのです。1950年代からはじまったいわゆる帰還事業で、10万人くらいが北朝鮮に帰っているわけですから、寿司職人の何人かはいるはずです。ところが「寿司は日本人でないと」と金正日に呼ばれた。それくらい日本食が好きなのです。

金正日の時代に、その藤本氏が初めて将軍様の前で寿司を握るという、ある意味で歴史的な場面があったそうなのですが、「何を召し上がりますか」と聞いたら、金正日はのっけから「カンパチ」と答えたそうです。

それでほかの幹部たちも右へならえで、「わたしもカンパチ」「わたしも」「わたしも」と、全員がカンパチを注文したという笑い話のような話もあります。

ちなみに金正日は、映画では『男はつらいよ』と『トラック野郎』が好きだったそうです。彼は寅さんの映画を見て日本のことをいろいろ研究したといいます。

ついでに言うと、歌謡曲では島倉千代子が歌った『東京だヨおっ母さん』が大好きで、島倉さんを北朝鮮へ呼びたがっていたという話もあります。金正日は5歳か6歳のときに母親と死別しているので、親孝行の歌詞と楽曲がきっと心にはまったのでしょう。

カラオケなんかやっていると、最後に必ず「おい、藤本。締めであれ歌え」と、『東京だヨー』をリクエストしたといいます。

これと小柳ルミ子の『瀬戸の花嫁』。この2曲が金正日のお気に入りだったといいます。これらは藤本氏や関係者からわたしが直接聞いた話なので、間違いない事実だと考えて大丈夫です。

いずれにせよ、当時のわたしの持論としては、日本びいきの金正日が生きている間に、何が何でも拉致問題を解決すべきだと、そう考えていました。

よく冗談で言っていたのは、金正日を柴又に呼んで首脳会談をやれば、一発で拉致問題は解決すると。それがかなわないまま、金正日はこの世を去りました。

金正恩に代わって9年経ちましたが、拉致問題は未解決のままです。

ワン・コリアは日本のゴールドラッシュ

さて、最後に日本が何をするべきかというテーマに話を戻しますが、先ほども言ったように、まずはトップが会って話すこと、固定概念を取り払って、マクロな視点に立って話し合う。そして、これは非常に大事なことなのですが、国としての大きなビジョンを持つということです。

20年後、50年後の先を見て、日本はこれからどこに向かっていくのか、何を目標にしていくのか。朝鮮半島には統一という大きな目標がありますが、それと匹敵するものが日本にあるのかということ。

わかりやすく言えば、貧しくてもいいからブータンのような、国民の97％が幸福と感じている、そういう国を目指すのかとか、あるいはルクセンブルクやスイスのように、一人当たりのＧＤＰが飛びぬけて高い国にしたいのか、もしくはアメリカのように世界のリーダー的な国を目指すのか。

そういった理想像が、現状ではまったく見えてこない。1億２０００万の日本国民共通の目標、夢といってもいいですが、目指すべき指標がないと思うのです。

文在寅大統領は、一応は２０４５年までに統一すると、時間軸を切って目標を掲げました。そこまでに民族の悲願をはたし、統一朝鮮として国家を飛躍させるのだと。それが朝鮮半島の潜在力・原動力になっているのです。

中国も常に半世紀くらい先を見据えている国で、現実にＧＤＰで日本を追い越して2位になり、これからは「一帯一路」を成し遂げると言っています。

日本も昔は満州へ進出したときは、国家としての壮大な夢、ロマン、潜在力というものがあったはずです。

今の時代の価値観に照らせば是非はありますが、当時としては、「五族協和」「王道楽土」といった強いスローガンをもとに、「満州国」という国家を作ろうとした。それに匹敵する潜在力は、残念ながら今の日本からは感じられません。

30年先、50年先までの展望があれば、日本にも潜在力が備わり、未来が開かれ、国民の心にも勇気が生まれるはずです。

結局は、本書のテーマであるところの、統一した朝鮮半島、いわゆる「ワン・コリア」と日本が連携し、巨大な経済圏を作り出すこと。北朝鮮に眠る５００兆、６００兆円規模の地下資源は、日本にとっても〝ゴールドラッシュ〟なのです。

そのためには、資源宝庫の北朝鮮との国交正常化は欠かせない前提となります。

大局を見据え、国益重視の太っ腹外交に大きく舵をきり、その先にあるはずの大きな未来へ大胆に突き進むことが、これからの日本に求められているのではないでしょうか。

もしも南北統一したら

2020年6月10日　初版発行

著者　辺　真一

辺 真一（ぴょんじんいる）
東京生まれ。明治学院大学英文科卒。新聞記者を経て、フリー。1982年、朝鮮問題専門誌「コリア・レポート」創刊。86年評論家活動開始。98年ラジオ「アジアニュース」パーソナリティー。03年沖縄大学客員教授、海上保安庁政策アドバイザー（～15年3月）を歴任。外国人特派員協会、日本ペンクラブ会員。『大統領を殺す国　韓国』（角川新書）、『在日の涙 間違いだらけの日韓関係』（飛鳥新社）など著書多数。

発行者　横内正昭
編集人　内田克弥
発行所　株式会社ワニブックス
〒150-8482
東京都渋谷区恵比寿4-4-9えびす大黒ビル
電話　03-5449-2711（代表）
03-5449-2734（編集部）

装丁　橘田浩志（アティック）／小口翔平＋三沢稜（tobufune）
編集協力　浮島さとし
校正　東京出版サービスセンター
編集　大井隆義（ワニブックス）

印刷所　凸版印刷株式会社
DTP　株式会社 三協美術
製本所　ナショナル製本

ISBN 978-4-8470-6640-5
ワニブックスHP　https://www.wani.co.jp/
WANI BOOKS NewsCrunch　https://wanibooks-newscrunch.com/